JN141899

子どもの本のもつ力

世界と出会える60冊

清水真砂子

大月書店

まえがき

「大人になって読む価値のない本は、子どもにも読む価値はない」と言ったのは、『ナルニア国物語』を書いたC・S・ルイスだったでしょうか。

今日の子どもと〝子どもの本〟をめぐる状況が、私自身にしかと把握されているかといえば、そんな自信は全くありません。過日、新聞で「子どもたちが選んだ本」の一覧を見ても、そのほとんどを私は読んでいませんでした。

というわけで、ここにご紹介する本は、いささか時代遅れの感をもたれるかもしれません。実際、三〇年、四〇年、いえ、もっと前に出版された本も、少なからず混じっています。

ただ、自分を抜きにして、一般に子どもが喜びそうだからとか、子どもたちの役に立ちそうだからと考えてとりあげた本は、一冊もありません。自分が読んで、手にした喜びを、誰かと分かち合いたかった。ただそれだけで選んだものです。

❖

そんなふうにして大人が差し出す本を、子どもは喜ぶものだろうか。これは当然の懸念と言えましょう。でも、こと本書で扱う本の分野では、大人と子どもを仕切る線など引くのは無理と私は考えています。無理というより、引かないほうが、双方豊かさを手にすることができるにちがいないと。

それは言いかえれば、子どもの悲しみは大人の悲しみに及ばないと決めつけることなどできないし、喜びもまた同じだということ。だからこそ私たち大人も、子どもの本のおすそ分けにあずかることができるのではないでしょうか。

❖

ここに挙げた六〇冊の本は、私の乏しい読書体験の中から拾いあげたものでしかありませんが、それでも私はその一冊一冊から、語りつくせないほどの生きる喜びと、同じ地上に生きる人々への信頼をもらってきました。

私はよく学生たちから質問されました。「先生はどうやって、子どもに贈る本を選ぶんですか?」私の答えはいつも同じでした。

「『おばちゃんは、ぼくが子どもだったから、あんな本をくれたんだ。』と将来言われない本を。」

ここにとりあげた本もそういう本であってほしいと、私は祈るような気持ちでいます。

目次

4 「たのしい」だけで十分！

5 子どもが〝他者〟と出会うとき

6 現在（いま）と昔とこれからと 131

1

「かわいい」がとりこぼすものは？

ごく最近、読みだしたら、もう愉しくて愉しくて、一気に読みおえた本があります。この本は七七歳の日々を生きる私に、もう一回人生を生きられたらなあと初めて思わせてくれました。これまでの人生に不満があるわけではありません。むしろ自分にはもったいないほどの日々だったと思っています。ただ、寄せてくる波を乗りこえるのに必死で、この本が伝えてくれる楽しさや喜びを、真に自分のものとしうるまでに自分を鍛える時間がなかった。「真に」とあえて書いたのは、生きてきた人生の折々に、こういう世界に惹かれる自分のあることに気づかされてはいたからです。

この本とは、黒田龍之助さんという外国語の超達人（と読んでいてしみじみ思いました）の書かれた『物語を忘れた外国語』（新潮社）。本の帯には、「外国語学習の秘訣、教えます」とありますが、私が惹かれたのは同じ帯にある「いつもかたわらに物語を」であり、「小説や映画と一緒なら語学はもっと面白い！」でした。

さて、本を読みだした私が舌を巻いたこと。それはこの著者が、児童文学の世界の人間と一応は目されている私など逆立ちしてもかなわないほど、子どもの本に親しんできていることでした。子ども時代だけではない。五〇代に入った今も、彼は実に楽しく、さわやかに子どもの本を語るのです。このさわやかさ、べとつきのなさといったら！ こんなに楽しく、軽やかに子どもの本を語る大人には、めったに出会えるものではありません。私はすっかり惚れこんでしまいました。

もちろん、ここまでの軽みに到達するまでの、舞台裏での精進を想わないではありません。でも、それを口にするのは野暮というものでしょう。ただ、それを想うからこそ、私は自分に残された時間の、あまりの少なさを思ってしまうのです。これまでの人生を生きなおしたいとは思わないけれど、今度生まれかわったら……。そう思うと、ちょっと楽しくなってきました。

それにしても、この本の著者が子どもの本を語るときの、対象への態度の敬虔なこと！ 私は先に、さわやかだと言いました。そうです。「かわいい」だなんて傲慢な態度は、微塵もうかがえないのです。

❖

「子どもの本」というと、多くの人はほとんど反射的に「かわいい」と言います。「かわいいからかわいいと言って、なぜ悪い?」すぐにもこういう言葉が返ってきそうです。

でも、多くの人が「かわいい」と呼ぶ子どもに、たとえば自分の考えを主張する子どもは想定されているでしょうか。大人の言うことを聞かない子どもは? 「子ども」を「娘」と言いかえてもいい。「おばあさん」と言いかえてもいい。

私たちは、自分の支配下に置ける者に対してはかわいいと言いますが、こちらの支配に抗う者、その支配の網を破ろうとする者に対しては、決してこの言葉を使いません。畏敬の念を抱かないではいられない対象に向かっては、言うまでもなく。

「かわいいものに取り囲まれて暮らしたい。」という言葉もよく聞きますが、私はこの言葉を聞くたびに、そこに「支配」のにおいをかぎとらずにはいられません。自分の思いどおりになりそうなもの。自分の価値観がひっくり返されることなど、よもや起こりそうもないと見えるもの。自分をいつも支配者の立場に置いてくれるもの。こちらに揺さぶりをかけてこないもの。自分が変革を迫られたり、壊されたりしないでいられるもの。つまりは、心地よい現状維持が保証されるもの。

A・A・ミルンの『くまのプーさん』の、あのプーくまのモデルになったぬいぐるみのくまを実際に目にした人は、読者の方々の中にもおられるかもしれません。もう二〇年以上も前のことになるでしょうか。プーくまは初めて日本にもやってきて、東京のデパートに展示されましたから。私も見に行きました。そして、はっとしたのは、実にそっけない、つんとしたと言いたいほどの、プーくまの表情でした。日本のぬいぐるみとはその表情を全く異にしていたのです。ああ、これだからこのくまは、クリストファ・ロビンとあんなに対等に向かい合えるんだ、と私は深く納得したことでした。愛玩(あいがん)動物でなど、決してなかったのです。

❖

子どもの本と聞くと、反射的に「かわいい」という言葉が出てくるとしたら、なんだかもったいないな、と思います。と、えらそうな言い方をしてしまいましたが、実は私も、こと絵本に関しては、(大人になったら卒業)と決めてかかっていました。大学三年、二一歳のときでしたか、『おやすみなさいのほん』(マーガレット・ワイズ・ブラウン文、ジャン・シャロー絵、いしいももこ訳、福音館書店)をたまたま書店で手にするまでは。

成熟とは子どもを卒業することと思いこんでいた私はこの頃から、大人になったはずの自分の中に子どもが生きていること、生きてのびやかに呼吸したがっていることに、少しずつ、少しずつ気づいていきます。「うんと大人でうんと子ども」こそが真の成熟と考えられた瀬田貞二(せたていじ)先生ほか、遠くから師と仰(あお)ぐ方々のすぐれたお仕事にふれるのは、まだだいぶ先だったにしても。「かわいい」がとりこぼすものの膨大(ぼうだい)さに気づきはじめたのも、同じ頃だったでしょうか。

それから十数年後、私はかつての自分を見るような若い人たちと、子どもの本をめぐる授業で出会って、この世界を一緒に歩き、喜びや驚き、時には恐怖を共にするようになります。そんな日々のエピソードの一つから。そう、私は一人の男子学生に、ある日、あらためて一冊の絵本のもつ力を教えられることになるのです。

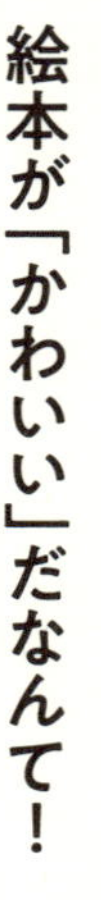

絵本が「かわいい」だなんて！

短大で、子どもの本のすばらしさを学生たちに伝えたいと、四苦八苦すること三十数年。毎年、年度第一回目の授業の、緊張することといったらありませんでした。

新入生の顔には、なぜ一八、一九にもなって、子どもの本のことを勉強しなくてはならないの？　そんなもの、とっくに読めているのに、何を今さら……と言いたそうな表情が浮かんでいます。明らかに高を括っている。小さな子どもに手渡すものに、大人が生命をかけるほどの何が必要か。かわいければ、それで十分じゃないの？　今も大勢の人がそう思っています。中学や高校の授業ですでに「絵本」をつくってきた学生もいます。

（絵本なんて、簡単簡単！）そんな思いこみ、軽視を、最初の授業でこっぱみじんに壊さなくてはなりません。学生たちにぽうっと我を忘れさせなければなりません。あの世に、そうです、バシュラールのいうカイロスの時間（詩的時間）に、誘いださなくては。ぐうの音も出ない体験、気がつけば、つまらない自意識など消えていたという体験をしてもらわなくてはならないのです。それがあって、ようやく二回目以降の授業が動きだします。もちろんそれだって、毎回毎回が勝負なのですが。

そんな日々の中に、名古屋のN大学の集中講義が飛びこんできました。その日、『つるにょうぼう』を最後に紹介して教室を出ようとした私に、一人の男子学生が声をかけてきました。

「世の中にこんなに美しい絵本があったのですね。出会ってよかった。」

彼は、文字のない、見開き最後のページに、とりわけ心を奪われているようでした。「春ちかい、はるかな山なみの上を、小さな鶴が一羽、かなたをさしてとびさってゆく」場面です。彼は私の前ページの朗読を耳に残し、おそらくは心身をいっぱいにひらいて、この絵に見入っていたにちがいありません。

矢川澄子が再話し、赤羽末吉の描いたこの絵本は、文字どおり全身をひらいて読むことを要求してきます。いえ、それができた者に初めてこの本は、鶴の化身の娘の、はた織るごとに変化していく肌の色や、障子の向こう側で起こっているいたましい悲劇への予兆の一歩一歩を、そっと知らせてくれるのです。

「かわいい」などと悠長なことが、どうして言っていられましょう。

『つるにょうぼう』
矢川澄子／再話　赤羽末吉／画
福音館書店 1979年 1200円（税別）
ISBN　978-4834007572

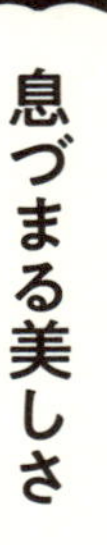

息づまる美しさ

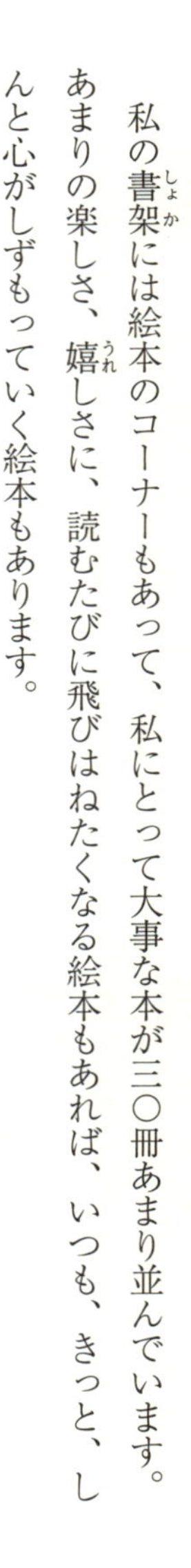

私の書架には絵本のコーナーもあって、私にとって大事な本が三〇冊あまり並んでいます。あまりの楽しさ、嬉しさに、読むたびに飛びはねたくなる絵本もあれば、いつも、きっと、しんと心がしずもっていく絵本もあります。

さて、この絵本は、私のところに来てくれてもう四〇年以上。本の縁はセピア色に変色していますが、でも、私はやはり初めて出会ったときと同じように、扉を開くや、この静けさの中に吸い込まれていきます。

表紙を左にめくり、中扉を開けると、右の白いページの中央に、暗く深いブルーの楕円。その楕円を横切るように、黒に近い二筋の太い線が描かれています。そして下にはただ「おともなく、」の五文字。

ページをめくりましょう。左ページ、ダークブルーの楕円は少し大きくなり、右端に黒々とした影。下には「しずまりかえって、」の文字。右ページに目を移すと、楕円はさらに大きくなり、ここで私たちはやっと、黒々とした太い線が何だったかを知らされます。楕円右端の影と見えたものはどうやら……？　でも、まだ下には「さむく　しめっている。」とあるだけです。

ページをめくって私たちは、ついに影が木とわかり、その下に何やら描かれているのに気づかされます。次ページでそれはクローズアップされ、人、老人と孫だったと知らされます。またページをめくりましょう。見開き二ページ。私たちの目の前に、月に照らされた山と湖がひろがります。次も見開き二ページ。今度は湖面に映る風景。しんと見入ってしまいます。やっとページをめくる気になりました。と、夜明けのかすかな兆し。やがて世界は静から動へ、闇から光へ、彩り(いろど)の世界へとぐんぐん動きだします。朝が来たのです。

子どもの本はかわいければいい。明るく、賑(にぎ)やかであればいい。そんな思いこみがひろがるなか、絵本なんか高校生にだって簡単につくれると高を括る学生にも大勢会ってきました。私にできることはただ一つ、伝えうる最高のものを教室に持っていくことでした。

ああ、それにしても、夜明けをこんなふうに描いた作家がいて、それをまたこんな日本語で歌ってくれた人がいた。じんと喜びがこみあげてきます。

『よあけ』
ユリー・シュルヴィッツ/作・画
瀬田貞二/訳
福音館書店 1977年 1200円(税別)
ISBN 978-4834005486

絵を読む力もあってこそ

私は時々、同じ絵本を三冊、四冊と買いこむことがあります。出会って、嬉しさがつのると、ひとりで抱えていることができなくなって、身近な子どもたちと分かち合わずにいられなくなるのです。

この『マドレーヌといぬ』もそんな一冊でした。そのときの子どもたちはもう四〇代。この絵本に出会ったときの私の年齢を越えました。

「パリの、　つたの　からんだ　ある　ふるい　やしきに、　12にんの　おんなのこが、くらしていました。」で物語は始まります。全寮制の小さな学校なのです。

主人公はいちばん小さくて、でも、おてんばで、ゆうかんなマドレーヌ。子どもたちの傍ら（かたわ）にいるのは、「なにごとにもおどろかない」先生のミス・クラベル。ここに、ひょんなことから一匹の犬が加わります。ドラマは転回を始めました。この犬をめぐって。

たった五二ページの大版の絵本です。黄色の地に黒い線でマンガ風に描かれたページの間に、全体の二割ほど、極彩色の風景画があらわれますが、これはいなくなった犬を探しに女の子たちが歩きまわったパリの実在の通りや広場、市場などを描いたもの。（ああ、よかった）

と嬉しくなって本を閉じたら、今度は物語を出て、見返しの絵からスタート。パリの街の散策を始めるのも一興かと思います。

いえ、楽しいのは極彩色の絵のページだけではありません。女の子たちが犬を探しに入りこんだペール・ラシェーズの墓地は線画ですが、この墓地のおもしろいこと！ 見開き二ページで二〇~三〇分は楽しめます。

だって、そこにはショパン、ロッシーニ、ビゼーの名のほかに、ヴィクトル・ユーゴーやドーデー、モリエール、バルザック、オスカー・ワイルド、さらにはヴィスコンティ、アベラールとエロイーズの名までが墓石に刻まれているのですから。

いや、子どもにはまだ無理というのなら、墓地はしばらく脇におくことにしましょう。それ以外のページでも、絵を読む力がこれほどに求められる絵本は、ちょっとないかもしれません。すぐれた絵本は、絵が語っていることを、重ねて言葉で語る野暮はしないもの。それに応えた訳文もまたみごとです。

『マドレーヌといぬ』
ルドウィッヒ・ベーメルマンス／作・画
瀬田貞二／訳
福音館書店 1973年 1300円（税別）
ISBN 978-4834003635

絵本を読むという冒険

若い頃、私には絵本が読めていませんでした。言葉の部分だけを読んで、読んだ気になっていました。絵は付け足しでした。付き合っていた子どもたちは、ちゃんと絵も読んで、こちらの何倍も絵本を楽しんでいたのに。

今もなお、ああ、読み落としていた、と思うことしばしばです。こちらの目を、耳を、心を、からだを、こじ開けてくれる本に出会うしかない。そう思っています。

そんな絵本の一冊に、『まっくろけの　まよなかネコよ　おはいり』があります。おばあさんと犬の、満ち足りていたはずのふたり暮らしの世界に、一ぴきの黒猫が入りこんでくる話、と書いたら、それでこの絵本を伝えたことになるでしょうか。いいえ、ぜんぜん。それでは、ビルで言うなら、鉄骨を組んだだけということになります。

三〇年以上も昔、初めて出会ったときの衝撃を、私は昨日のことのように憶えています。絵本でここまで人生が描けるのか、人間の悲しみや葛藤が描けるのか、と思い知らされたのです。

言葉は、各ページ一行から最大で五行。全く文字のないページもあります。けれど、丁寧に、しっかりと描きこまれた絵が、たとえばこのおばあさんに帽子のおしゃれを愉しんだ若い日々があったことを伝えてくれます。本箱にびっしり詰まった本は、亡き夫のものだったか。だとしても、その本の一節を夫婦で愉しんだ日々があったにちがいありません。

暖炉（だんろ）の上の二枚の写真は？　年配の男性は亡き夫か、それとも父親か。夫ならば、もう一枚の若い男性は、ひょっとすると息子？　だとすると、日本軍との戦闘で亡くなったということも考えられます。

そして、シングルではなく、ダブルベッドに寝るおばあさんの左手薬指には、結婚指環が光っています。傍らにあるべき人の不在……。

もしも私が子どもの読者だったら？　そのときは猫を追うかもしれません。暗闇に目をこらせば、黒猫がそっと近づいてくるのが見えます。この猫を受け容れるか否か。犬は葛藤に葛藤を重ねます。もう、大人も子どももありません。私たちは息をつめて、犬の決断を待ちます。

やがて、画面はぱっとその色を変えます。絵本に向かうことのおもしろさと怖さを、この絵本はいつも私に呼びさましてくれます。

『まっくろけの　まよなかネコよ　おはいり』

J・ワグナー／文　R・ブルックス／絵
大岡 信／訳
岩波書店 1978年 1800円（税別）
ISBN 978-4001105827

どこにだって　ロマンス

「こういうロマンスこそ一〇代の人たちに出会ってほしいな。」わが家での読書会の席で、六〇代に入って間もない友人が言いました。

「そうよね。何の話かと聞かれれば、一七世紀半ば、アメリカ東部コネティカット州のある町を舞台にした〝魔女狩り〟の話と答えるしかないかもしれないけれど、でも、これはやっぱりまずロマンスと呼びたい作品よね。これから大人社会に入っていこうとする一〇代の人たちの、異性への心のときめき、自身の価値観の揺れがみずみずしく描かれていて、読みながら（ちょっとちょっと、そんな選択をして大丈夫?）って、たびたび声をかけたくなってしまった。」

「まったくね。はらはらしどおしだった。でも、いいなぁ、これは。どう、若い人たちは?」同じく六〇代の女性は、その日飛び入り参加した二〇代の人にたずねました。

「主人公の女の子って、私みたい。」さっきから発言の機会を待っていた彼女は言いました。「思ったらすぐ、周囲のことなんか考えずにぱっとやってしまうところも、時々どう見たってバカとしか言えない選択をしてしまうところも。」

私は黙って、みんなのやりとりを聞いていました。（そう。自分もこの主人公のようだった。）と私は思っていました。（多少うまくやる技は覚えたけれど、本質はまるで変わっていない。）

何の本の話かって？　一九六九年に日本に紹介されたものの、品切れが続いて、でも今ふたたび手に入るようになった『からすが池の魔女』の話です。「表紙の絵だけ見たら暗いし、怖そうだけど、読んでみたら、ぜんぜんちがった。」初めて読んだ人からは、そんな声も聞かれました。

私がこの本を読書会のテキストにと推薦したのは、第一には、もちろん、さまざまなところで少数者を糾弾し排除しようとする今の、この日本社会の空気の中で、この作品からたくさんの警告や生きるヒント、あるいは勇気がもらえると思ったからでした。実際、私はこの本を中にして、ヨークに暮らすクエイカー教徒の友人と、当時の宗教弾圧について語ったことがあります。でも、何度目かであるにもかかわらず、読みだせば、またも本が置けなくなってしまったのは、たしかにまずはラブ・ロマンスとしての魅力にあふれていたからにちがいありません。

中学生になれば十分に楽しめる一冊です。

『からすが池の魔女』
E. G. スピア／作　掛川恭子／訳
岩波書店 1989年 2300円（税別）
ISBN 978-4001106558

古典に導かれて

ある春の一日、わが家で月一回開いていた、平均年齢六〇代半ばの読書会のメンバーが、一人ひとり一〇代の少女に戻りました。その顔の輝き、声のはずみといったら！　当日の参加者はたぶん全員が、子どものとき何らかの形で出会い、その後も二度三度と別の形で読み、そしてもう一度この日に備えて、いま最も信頼できるテキストを読んで、会にやってきたのでした。そして誰もが言ったのです。「やっぱりおもしろい。もう、最高！」と。

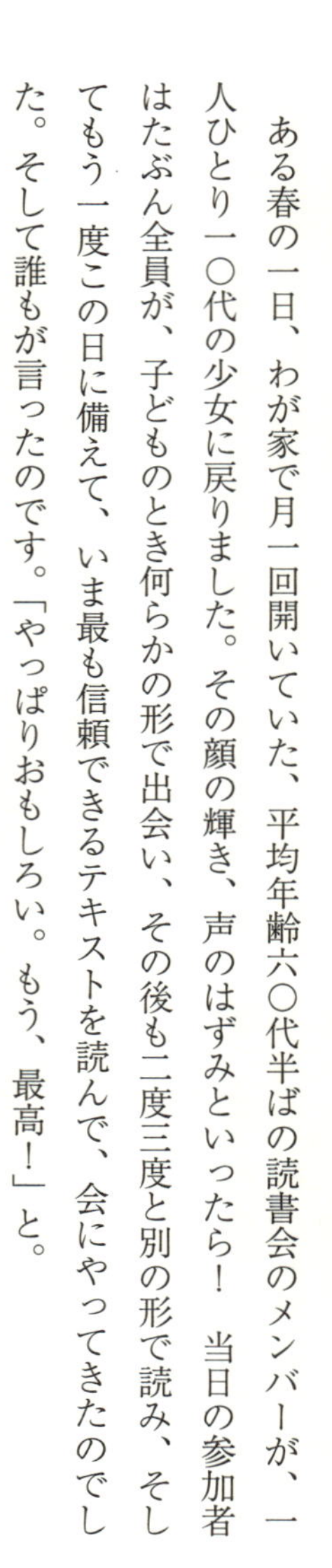

一九一一年にイギリスで出版されたこの本は『秘密の花園』。『小公子』『小公女』を書いたバーネットの代表作ですが、ひょっとするとこちらの二作でとどまって、『秘密の花園』まで手をのばさなかった人もいるかもしれません。それに原題そのままとはいえ、書名ゆえに手をのばさなかった少年たちも。だとしたら、もったいない。これは少女だけではなく、身体と心を病んだ少年の復活の物語でもあるのですから。

でも、大人はノスタルジーで読めるかもしれないけれど、スマホの時代の若い人たちはどうかって？　大丈夫。数年前、短大の学生たちと読んだときの、彼女らの楽しみ方といったら。

そして、今回私はまた発見しました。この作品はまるで生の人間が演じる第一級の芝居を眼前に見るようだと。

幕が上がると、ベッドに目覚めたばかりの、不機嫌そのものといった一人の少女。彼女は、何もかもがいつもとちがうことに気づきます。美しい母親がベランダで年若い将校と密会、不安そうに交わす言葉が少女の耳にも聞こえてきます。やがて屋敷の一角にあがる大きな泣き声。日をおかず、活気にあふれていた華（はな）やかな屋敷はコレラの蔓延（まんえん）で死の館と化し、少女はひとり忘れられ、置き去りにされそうになっていたところを発見され、物語はダイナミックに展開を始めます。少女を乗せた馬車は、やがてあの雨のヨークシャー・ムーアをぬけて。

見捨てられ、愛を知らずに育った少女と少年のよみがえりが、何によって起こりえたか。この日私たちは、むしろ脇役ともいうべき人々に次第に焦点を移し、どういう人々との出会いがあれば人は復活できるかを、静かに熱く語り合ったことでした。

『秘密の花園』
F・H・バーネット／作　猪熊葉子／訳
福音館書店 2003年 850円（税別）
ISBN 978-4834006179

おそろしい心理劇、そのはては？

『人形の家』はイプセンの小説のほかに、もう一冊あるのをご存じでしょうか。名作『ねずみ女房』でも知られるイギリスの作家、ルーマー・ゴッデンの児童文学第一作（一九四七年）がそれで、こちらは文字どおり、人形の家のお話です。でも、「子どもの本＝かわいい」「人形＝かわいい」と手をのばしたら、はねのけられること必定。これは、子どもも読めるちょっとこわい、本格的な心理小説なのですから。

主な登場人物は、人形の家の持ち主である人間の姉妹と、人形の家の住人たち。もっとも、物語の幕が上がったとき、人形の家族はまだ人間の靴の空き箱に暮らしています。家族といっても、それは持ち主の女の子ふたりが家族に見立てたもの。どれも小さな人形で、素材も木製あり、セルロイド製ありとさまざま。展覧会でも値打ちありとされた百年を超す木の人形から、がらくたと片づけられそうなものまで、外からの評価もいろいろです。

さて、状況に変化があって、靴箱から美しく修復なった年代物の人形の家に引っ越した家族は、展示されていた展覧会場から戻ってきた娘のトチーも迎え、穏やかで、このうえない幸せな日々を過ごしていました。しかしそこに、百年前この人形の家でトチーと暮らし、展覧会で再会した、美しく、けれどわがままで、高慢このうえないマーチペーンという名の人形が送りこまれてきて、一家に加わります。

みずからは事態を変えられない、ただ祈るしかない、つつましく善良な人間の集団。生殺与奪の権利を他者に握られている人々（この場合は人形ですが、子どもだって同じかもしれません）の中に、傲慢な悪意ある者が入ってきたとき、何が起こるか。人形を動かしうる人間の娘たちも加わっての、おそろしい心理劇の始まりです。マーチペーンは、人間の姉娘の加勢もあってぐんぐん勢力を強め、幼い子どもにも誘惑の手をのばして、ついに悲劇は頂点に達します。

作者はどこに落としどころを見つけたか。それはここでは申し上げません。

この作品に出会って四〇年。今回の読み返しは何度目になるでしょうか。驚きました。少しも古びていません。初めて読むように興奮し、息をつめました。綿密な物語構成。ひりひりと痛みを覚える心理描写。古典のもつ生命の強靭さを思い知らされています。

『人形の家』
ルーマー・ゴッデン／作
瀬田貞二／訳
岩波書店 2000年 640円（税別）
ISBN 978-4001140675

人を好きになったものの……

「つきあい始めたころはいつだってやることがあった」のに、「このごろのきみは、ただお手々つないでいたいだけなんだ。そんなの、ぼくにはもう耐えられないよ。」一七歳のザビーネは、ようやく会えたボーイフレンドのゼバスチアンに言われます。

彼には夢中になるバイオリンが今もあるのに、ザビーネは、気がつけば、自分が大切にしていたものを置き去りにして、ただ彼の電話を待つだけの、彼にとってはうっとうしい存在にさえなってしまっていました。

一九八一年、当時の西ドイツで発表され、ベルリンの壁崩壊翌年の一九九〇年、日本に紹介されたこの作品を読んだとき、私は（ああ、これと同じことは日本の若者たちにも山と起きている）と思ったものでした。

それから三〇年が経とうとして、通信手段は固定電話からスマホに代わり、異性との付き合いは、日本の社会を見るかぎり、ある意味ドライに計算高くなったことは否めませんが（——なにしろ、結婚とは自分専用のATMをゲットすること、と臆面もなく言う二〇代の女性に、私は最近二人続けて会いました。もっとも五〇年前だって、結婚は永久就職と言ってはばからない女性は山といました——)、それでも、いえ、だからこそいっそう、私はこの本の復刊を喜んでいるのです。
なぜなら、メールの飛び交う時代になっても、好きな人ができるといとも簡単に自分の大事なものを投げ出してしまう「ザビーネ」はそこかしこにいるし、彼女の母親のように、夫の一言で、主張すべき自分の考えをすぐさま引っこめてしまう妻もいれば、一家の長としての責任を勝手に背負って、弱音ひとつ吐けずに苦しんでいる夫もごまんといるからです。さらには、夫からの自立はしているものの、息子のこととなると「卵を抱えためんどり」になってしまう「知的な」母親も。

でも、私が注目するのは、自分が母親の二の舞になりそうだと気づいたザビーネの、それからの闘(たたか)いです。自分との、そして両親との、共に尊厳を回復するための、日々の丁寧な闘い。だからこそ、家族も周りの人々も解放されて、さわやかな風が吹きはじめたのでしょう。
一〇代のうちに、どうかこの本に出会ってほしい。復刊を機に私は、いっそう強く願うようになっています。

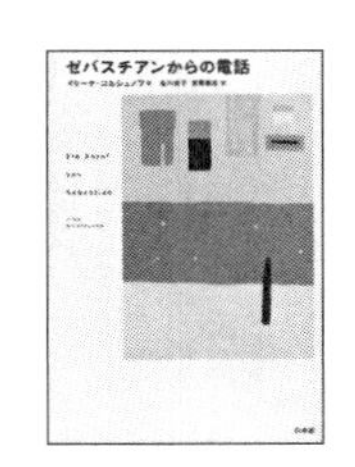

『ゼバスチアンからの電話』
イリーナ・コルシュノフ/作
石川素子・吉原高志/訳
白水社 2014年 2000円(税別)
ISBN 978-4560083536

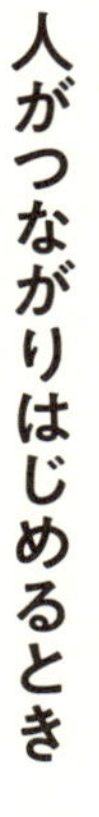

人がつながりはじめるとき

知らない人と出くわす。もし、その人がひとりぼっちで、寒さにふるえながら助けを求めていたら、あなたはどうするだろう。

とりあえず、今の状況から救い出さなければならない。毛布を持ってきてくるむなどしながら、あなたは自分の名を伝え、それから相手の名まえをたずねる。名まえが答えられなかったら？　それでも、とりあえずの名まえは必要になる。名まえは関係をもつうえに不可欠だ。

次にあなたは一歩踏みだして、相手を自分の家に受け容れようと決意する。さて、家に迎え入れて、まずしなければならないことは？　これから相手が暮らす自分の家の内部を、すべてあかしてやることだ。どこに何があるか。どこが食堂で、どこが寝室か。

夜がくる。その人は初めての家で、なじみのない人々に囲まれて、寂しく不安だ。あなたは幼かった日、自分もまた子ども部屋にひとり寝て、どんなに心細く、不安だったかを憶えている。だから、やってきたばかりのその人に、安心して眠りについてもらうにはどうしたらいいかがわかっている。

『チャーリーのはじめてのよる』は、読んでやれば三歳ぐらいから楽しめる絵本。主人公の幼い男の子が出くわしたのはこいぬでしたが、私はこの絵本を読みながら、気がつくと、こんなことを真剣になって考えはじめていました。

こいぬは、たとえばホームレスの人々にも置き換えられれば、遠く故郷の国を離れて、誰ひとり知る人のない土地で働かざるをえない人々にも置き換えられることに気づいたのです。いえ、もっとぐっと身近な暮らしに目をやれば、初めて保育園の門をくぐる子どもにも、住み慣れたわが家をあとに、初めて施設で暮らしだそうとする老人にも、いえいえ、新婚の夫婦にさえ。

人が他者と出会うとはどういうことか。その他者を受け容れ、共に暮らしはじめるとき、必要なものとは何か。この絵本は、説明をとことん省(はぶ)いたわずかな言葉と絵で、その答えをあやまたず用意してくれていたのでした。たった三二ページで。

人が人と出会い、つながりはじめる、まさにその最初のところを、ああ、こんなふうに丁寧に受けとめて絵本にしてくれた人たちがいた。私は今、じわーっと嬉しくなっています。

『チャーリーのはじめてのよる』
エイミー・ヘスト/文　ヘレン・オクセンバリー/絵　さくまゆみこ/訳
岩崎書店 2012年 1300円(税別)
ISBN 978-4265850334

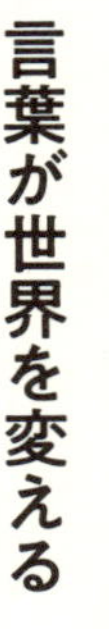

言葉が世界を変える

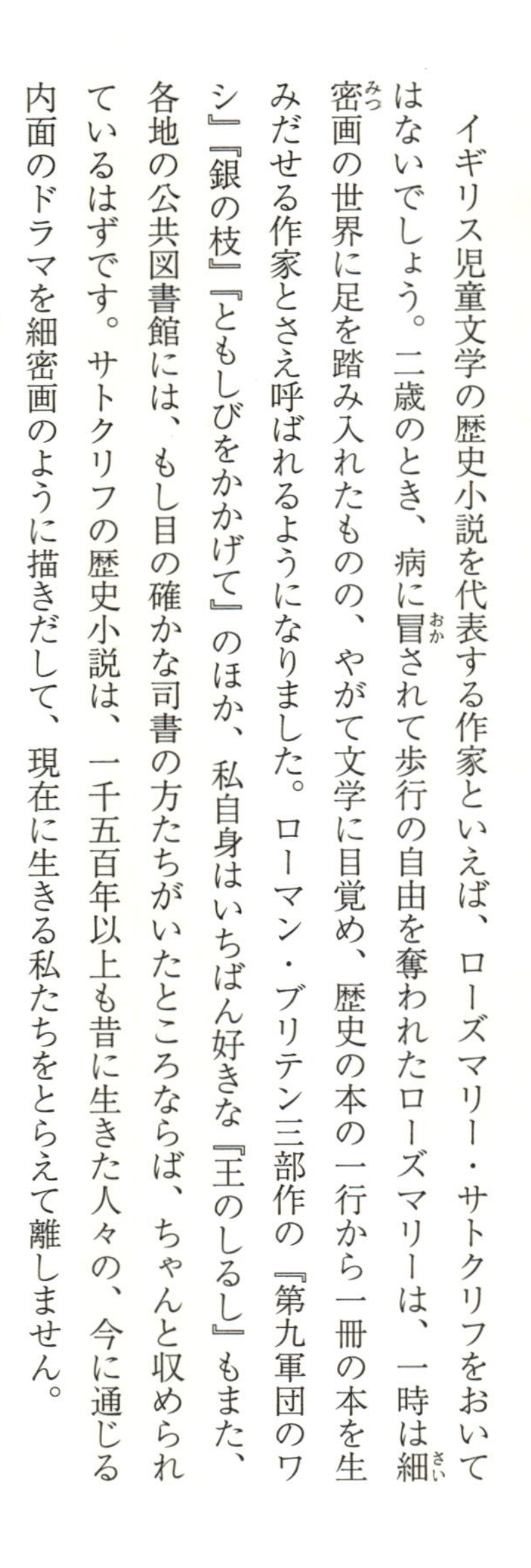

イギリス児童文学の歴史小説を代表する作家といえば、ローズマリー・サトクリフをおいてはないでしょう。二歳のとき、病に冒されて歩行の自由を奪われたローズマリーは、一時は細密画の世界に足を踏み入れたものの、やがて文学に目覚め、歴史の本の一行から一冊の本を生みだせる作家とさえ呼ばれるようになりました。ローマン・ブリテン三部作の『第九軍団のワシ』『銀の枝』『ともしびをかかげて』のほか、私自身はいちばん好きな『王のしるし』もまた、各地の公共図書館には、もし目の確かな司書の方たちがいたところならば、ちゃんと収められているはずです。サトクリフの歴史小説は、一千五百年以上も昔に生きた人々の、今に通じる内面のドラマを細密画のように描きだして、現在に生きる私たちをとらえて離しません。

でも、この作家はもう一冊、今を生きる若い人たちを勇気づける本を残してくれました。自伝『思い出の青い丘』がそれです。一九八〇年代半ば、この本が邦訳出版されるや、私はくる年もくる年も授業でこの自伝を紹介。時間が足りなくなると、全体像を語るのはやめて、せめてこの言葉だけは、と学生たちに伝えつづけました。

その言葉とは、「傷つく権利」。サトクリフは、娘である自分の身を何かと案じ、世話をやき、その恋にまで口出ししてくる両親、とりわけ父親の、父親本人は止むに止まれぬ、でも娘にとっては過剰なまでの心配ぶりを後年思い出して、この自伝の中に記しているのです。「父には、私にも傷つく権利のあることがわかっていなかった」と。

「傷つく権利」！　なんてさわやかな言葉でしょう！　私はこの一言で解放されました。自分を縛っていた鎖が瞬時にばらばらに解かれ、芯から自由になったのを感じました。言葉は人をがんじがらめにもすれば、こうして解き放ちもする。

親の心配がわからないわけではありません。それにこのときの恋は、本人にさえ傷つくとわかっているものでした。それでも人は、進んでいくしかないときがある。すごいなあと思いました。実態に言葉が追いつかないときもあれば、言葉が実態を創りだすときもある。言葉が世界を創り、その世界で私たちは自由にもなれば、逆に不自由にもなっていく。

一九九二年一一月三日、フィリパ・ピアスに誘われて参列した、ロンドンはセント・ジェイムズ教会でのサトクリフの追悼ミサを、私は静かに思い出しています。

『思い出の青い丘――サトクリフ自伝』
ローズマリ・サトクリフ／著
猪熊葉子／訳
岩波書店 1985年 1900円（税込）
ISBN 978-4000002349

2

ひとり居がもたらしてくれるもの

もう一〇年あまりも前のこと。中国地方のある町で、講演を終えて会場をあとにしようとした私は、一人の女性に呼び止められて、聞かれました。

「学校の昼休みにひとり図書室に向かう娘は、先生、本当に問題児なんでしょうか?」

驚く私に、彼女は語りだしました。「うちの娘は本が好きで。でも、担任の先生から、何か問題があるんじゃないか、と言われたのです。」

驚きました。まず驚いたのは、生徒の校内での行動が、そこまで看視(かんし)されているのかということ。先生に言わせれば、気づかって見守っている、ということなのでしょうが……。そして、もちろんそれ以上に驚いたのは、ひとりで図書室に向かう生徒を問題視する教員の姿勢にです。ショックでした。

ところが、このショックは一回ではすみませんでした。ここ一〇年、あちこちで講演会の後、そっと呼び止められては、同種の質問を受けるようになったのです。ひとりでいることが、こんなに問題視されているとは! そういう先生たちには、思春期にみずから選んでひとりでいたという体験はないのでしょうか。中・高校生の時代、昼休み、あるいは放課後、ひとり図書室に向かったという体験はないのでしょうか。友だちと離れて、ひとり流れる雲を追ったという体験は？　幼稚園、あるいは保育園で歌わされた「ともだち一〇〇人できるかな」に、長じてふと疑問を覚えた日は？

もっとも先生たちに言わせれば、それを看視だ、お節介だと言われるのは心外だ。すべては生徒たちへの心配りから出たことで、そうした細やかな目配りこそ、教師として怠ってはならないことだ、ということになりましょう。何かあれば、生徒の単独行動の多さになぜ気づかなかったのか、と言われるかもしれないし……。もはや「見て見ぬふり」は、今日の教育現場では、たいへんな覚悟の要ることになっているにちがいありません。することだけが評価され、しないでいることは、マイナスとしてしか評価されない。こちらのほうが、むしろたいへんな知恵とエネルギーの要ることだってあるのに。

❖

ここまで来て、私はまた、イギリスに古くから伝わるなぞなぞを思い出しました。「名まえを言っただけで　こわれてしまうもの、なあに？」遠い遠い昔から、人々はこんなふうに「沈黙」を哲学してきたのですね。

沈黙も静寂も、暗さも闇も、今、私たちの日々の暮らしの中では、価値をおかれることが少なくなりました。人々はひとり居を避けて群れ、静寂を嫌って声高にしゃべり、賑やかな町こそ活気ありと評価され、物理的空間を動きまわることこそ活動的と褒めそやされるようになりました。

もしかしたら私たちはこうやって、ひとり居や静けさを、子どもを含む若い人たちから奪ってきたのかもしれません。それらをあたかも老人の専有物ででもあるかのように誤解して。本当は、沈黙や静謐こそ、子どもや若者が必要としてきたものかもしれない。そう気づいたのは、六〇代も半ば近く、書くことで幼い日への旅を始めたときでした。

れんげの花の、まちがわずに円をつくって並ぶ花びらたち。赤ちゃんの小さな手に、これまたまちがわずに生えている、桜貝のような小さなつめ。雨上がりの空に大きくかかった虹。その虹のたもとを探した幼い自分。折々にそんなふしぎに驚いた自分のことはよく憶えているのに、そんなとき、自分の傍らに十中八九いたはずの友だちや妹のことは、まるで憶えていないことに気づいたのです。幼い私は、たったひとりで、この世界のふしぎ、宇宙のふしぎと対峙していたのでしょうか。

そういえば、石井桃子もまた自伝『幼ものがたり』（福音館書店）に、学校帰り友だちと別れて後、ひとりになってからの、それまでと全く質を変えた時間のありようにふれることを忘れていませんでした。

❖

「思春期の反抗は、成長に欠かせないひとり居を確保するためにこそあるんだと思う」とつい最近、近しい人からごく当たり前のように言われて、私は大きくうなずいてしまったものですが、学校教育の現場ではつねに従順（じゅうじゅん）であることが求められ、さらには明るく活発で、おしゃべりなことこそコミュニケーション能力ありとする表層（ひょうそう）的な評価がまかり通っていることを、私は長年身を置いた短期大学での若い人たちとの付き合いからも、年々痛いほど知らされてきました。（ああ、心を病む若者が出てきて当然）と私は思い、でもそんな心配は口にせず、黙って教室に持ちこみ紹介した本が、この章には多く含まれています。

「いきいきした子ども」って？

ここ何年か、「プレゼン」という言葉を聞くたびに、ぞっとします。プレゼンテーションが大事なことはわかっているつもりです。けれど、中身よりも表現技術に力点が置かれて、プレゼンテーション自体が自己目的化してしまってはいないか、と気になるのです。

三十数年にわたり幼児教育の現場近くにいた私は、どんな学生が就職内定を早くとりつけるか、その変化を目の当たりにしてきました。ここ一〇年あまりは、明らかに「プレゼン」のうまい学生から決まっていく。明るく、はきはきしているのはいいけれど、屈託がなさすぎる。器用すぎる。子どもとかかわる人がこれで大丈夫だろうかと、危惧を覚えてきました。

こうした問いを、くり返し喚起してくれる一冊に、『十一歳の誕生日』があります。これは、一読、私の「いきいきした子ども」のイメージをこっぱみじんに打ち砕いてくれました。

主人公の少年は、作中ほとんど声を出していません。母親のからだに不具合があることもあって、家の中では足音さえ立てないようにしています。私の知人の心理学者は、この作品を読んで、「幽霊みたいな子ね」と言いました。でも、この学者を笑うわけにはいきません。この本に出会わなかったら、私も同じように思ったでしょうから。

でも、いったん読みだしてしまった私の目には、少年ネッドは激しく揺れ動き、一刻も休まず自己との対話を続け、忙しすぎるほど忙しく毎日を生きている子どもとしか映りませんでした。こういう子どもは、たしかにいる！

私は、読むうちに、自分の幼い日を思い出しました。友だちと活発に野山を飛びまわった日にも、ひとりになり、感動にふるえる一瞬がありました。無口で不機嫌な、思春期から青年期にかけての日々、外見には不活発で鈍重(どんじゅう)にも見えたであろう日々、私の内側は、いつもふつふつと沸(わ)き立っていました。気がつけば、周りの子どもたちも学生たちも同じでした。

「プレゼン」を重視するあまり私たちは、子どもたちの表面的な活動にばかり目が行って、内側で何が起こっているかに注意を向けなくなってはいないか。子どもたちのためらいや不安、喜びや悲しみに鈍感(どんかん)になってはいないか、気になります。

この本に日の目があたれば、子どもの密(ひそ)やかな内面にもそっと陽(ひ)が射しこむような気がします。

『十一歳の誕生日』
ポーラ・フォックス／作　坂崎麻子／訳
ぬぷん児童図書出版 1998年
ISBN 978-4889751406

ひっそりとつつましい小さな存在

私たちは今、いつも何かをしていること、いえ、ただしているだけでもだめで、それを外に向けてアピールすることを求められています。他人の気を引くように、注目を浴びるように。

「ここ何年か、話題になる子どもの文学、あるいはヤング・アダルト文学には、なぜ野球がうまかったり、陸上競技にとびぬけていたりと、何か特別な力をもった子どもばかりが登場するのかしら？」と言った、もの書きの友人がいます。「目立つことなんてなんにもできない子は、そういう作品を読んで、どう感じているのかしら」と。

思わずうなずいてしまいました。二〇世紀のイギリスを代表する作家フィリパ・ピアスが話してくれたことがあります。自分は、居なくなっても誰もそのことに気づかないような子どもの中で、どんなドラマが起こっているか、それを書いてきたつもりだと。

何かをするのではなく、ただそのまま在るということ。その在ることのおもしろさを文学で、とりわけ子どもの文学で表現するのは、無理なのでしょうか。

いいえ。最近も私は、そこを丁寧に、実にみずみずしく書いた、とびきり上等な子どもの本と出会いました。『まつりちゃん』がそれです。

その幼い女の子はいつもひとりです。コンビニのドアの前に立っていたり、空き家かと見える暗い家の窓から顔だけのぞかせていたり、公園にあらわれたり。そして、その子のものの言い方がまたふしぎなのです。「字、読める？」ではなくて、まだ、ほんとに小さい子なのに、「字、読めますか」と聞くのです。

　でも、ほとんどの子どもも大人も、とりあえず元気で忙しく飛びまわっている中にあって、このひっそりとつつましい小さな存在に気づき、たとえ最初は消極的にでも、かかわりはじめる人が出てきます。すると、そこに小さな灯がともるのです。いや、灯でなければ一瞬のそよ風、でなければ、濁流に流れこむ一筋の清流と言ってもいい。かかわり合う者どうし、それぞれに哀しみを抱えながら、互いに出会うことで、こんな奇跡が生まれる。

　私は読みながら、込み上げてくる喜びに、何度作者に心の中でお礼を言ったかわかりません。苛酷な現実を見すえながら、そこにこんな光こぼれるすきまを見出している。ああ、でも人は、本来こうして生きているのではないでしょうか。

『まつりちゃん』
岩瀬成子／著
理論社 2010年 1400円（税別）
ISBN 978-4652079775

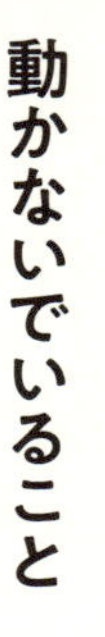

動かないでいること

最近、自問することがふたたび多くなっています。何かをしないでいようとすると、どうしてこんなにエネルギーがいるのだろうと。三・一一以後はいっそうそれを感じ、私はたびたび「動くな」と自分に言いきかせなくてはなりませんでした。「おろおろと、不様（ぶざま）でいつづけよ」と。

こんなとき、そっと傍らに佇（たたず）んでくれる絵本がありました。『もりのなか』（福音館書店）をかいたマリー・ホール・エッツの『わたしとあそんで』がそれです。

「あさひが　のぼって、　くさには　つゆが　ひかりました。わたしは　はらっぱへ　あそびに　いきました」。絵本はこう始まります。はらっぱに行った女の子は、バッタに、カエルに、カメにと、会う生きものたちに次々と声をかけ、「あそびましょ」とさそいます。リスにもカケスにも、ウサギにもヘビにも。でも、声をかけられた生きものたちは、みんな去っていきます。

女の子はいっさいの働きかけをやめ、池のそばの石に腰かけて、ただじっと音を立てずにいます。すると、生きものたちは次々に戻ってきて、気がつくと女の子は、いつの間にか、みんなに取り囲まれていたのです。シカの赤ちゃんなどは、女の子のほっぺたをなめさえします。

私は短大に在職中、幼稚園や保育園に実習に出かける学生たちに、よくこの絵本を紹介しました。学生たちは、活発に動きまわること、子どもたちに働きかけることばかりをうながされてきていました。「ひとりでいる子には声をかけなさい」とくり返し言われていました。

そうすることが必要なときも、もちろんありましょう。けれど、それが他者の世界にずかずかと踏みこんで、その世界を侵（おか）すことにもなりうることに、私たちはなかなか思いを致（いた）すことができないように思います。私自身も長いことできませんでした。ぽつんとひとりでいるかに見える子どもが、実はその瞬間、どんなに深い時間を生き、また、ときに、どんなに広大な宇宙と向かい合っているか。

私自身もまた、幼年時代、そういう瞬間を何度も生きていたことを、今まさにその瞬間に立ち会うように思い出したのは、五〇代も半ばになってからのことでした。

『わたしとあそんで』
マリー・ホール・エッツ／文・絵
よだ・じゅんいち／訳
福音館書店 1968年 1100円（税別）
ISBN 978-4834001532

ひとり居の時間が育てるもの

二〇一三年の六月末、広島県呉市で起こった〝仲間〟たちによる少女殺害事件にショックを受け、この事件が呼びさますおぞましさは何に起因するのかと、ずっと考えつづけています。新聞で報じられた、少女たちのＬＩＮＥでのやりとりの言葉に、私はほとんど恐怖と言っていいものを覚えずにはいられませんでした。この恐怖は、ナチの手法に学んだら、と言った政治家の言葉に対して起こった、その会場の笑いが呼びさます恐怖と、深いところでは通い合っているようにも思われます。

それにしても呉の事件にかかわった若者たちは、一六年間、いったいどんな荒野を歩いてきたのでしょう。とりわけ気になるのは彼らの群れ方であり、そこで交わされる言葉の、底をつく貧しさです。彼女らに、全くひとりになる時、ひとり宇宙と向き合い、ひとり自分自身と向き合う時はあったのでしょうか。

アメリカの作家Ｅ・Ｌ・カニグズバーグは、大人への入口に立つ一二～一三歳の子どもがどうやって「グループのそばにいながらけっしてその一部にならない」でいられるかなど、人間を生きぬいてその人自身になる術を、まさしくクールに語りつづけた人でした。

呉の事件で真っ先に思い出されたのが、『ベーグル・チームの作戦』の最後に記された言葉でした。作者は言うのです。「成長のほんの一部分だけが、みんなの前と家族の前で起こる。あとの大部分は、ひとりでいる時に起こる」と。

ところがいま日本では、ひとりでいるのはいけないこと、との思いこみが、とりわけ子どもたち、若者たちのあいだにひろがっています。学校の先生を含め、ひとり居を奨励（しょうれい）してくれた大人に出会ったことのない子どもたちがほとんどと言ってまちがいないくらい。これで精神の自立ができるものでしょうか。

カニグズバーグはこの本の中で、たとえばポルノ雑誌を隠し持っていた子どもに対し、親はどうすべきかなどの問題についても、実に楽しく、一言で言ってのけます。そのみごとさといったら。

小学校高学年の子どもたちと中学生たちにぜひ。同時に、先生や親御（おやご）さんたちも読んでくれたら、子どもたちはどんなに解放されることかと思います。

『ベーグル・チームの作戦』
E・L・カニグズバーグ／作
松永ふみ子／訳
岩波書店 2006年 640円（税別）
ISBN 978-4001141405

内省する子ども

二〇一〇年のある日、級友がいじめられるのを止められなかった自分を責めて自殺した少年のいたことが報じられました。少年は中学三年生でした。マスコミの扱いは、いじめられて自殺した子どもの場合よりはるかに地味で、少年の思いを真摯(しんし)に受けとめようとの姿勢がうかがえるものには、私はその後も出会えずにきています。が、誤解されるのを覚悟で言えば、私はこのニュースに接した瞬間、一条の光が射したような気がしました。ああ、内省(ないせい)する力をもった少年がいてくれた、と思ったのです。それだけに、その自死はいっそう痛ましく思われました。

テレビにはウハウハ笑っている人、そうでなければ口汚く相手をののしる人ばかりが映しだされます。こんな空気の中で、内省することを知ってしまった人の、どんなに生きにくいことか。明るく元気な子。ハキハキしていて活発な子。こういうありようだけをよしとするものさしは、口ごもる子、内省しようとする子を隅(すみ)に追いやります。自死した少年と内省を共にしようとした人は、周囲の生徒たちの中に、そして先生たちの中に、どれだけいたのでしょう？

あの少年は、『百まいのドレス』に出会っていたでしょうか。もし出会っていたら、孤立せず、マデラインとつながることができたかもしれないのに。

そうです。『百まいのドレス』の主人公マデラインは、内省する力をもった少女でした。だからこそ苦しんだのです。自死した少年のように。

ひっそりとクラスの隅にいて、誰からも声ひとつかけられなかった、貧しい移民の女の子ワンダは、ひょんなことから「百まいのドレス」を持っていると言いだし、それがきっかけとなっていじめが始まります。自分も貧しく、ワンダを思いやることのできるマデラインは、クラスのリーダー格のペギーという、自身は好きな女の子がワンダをいじめるのを、つらく思いながら、止めることができません。ここから生まれる少女の心理的葛藤とその深い内省が、一九四四年アメリカで出版されたこの本には、つい昨日書かれたかのようにみずみずしく、克明に描かれているのです。

マデラインは、地獄の日々が始まったのが「あかるい、青く晴れた日」だったことを思い出します。そして、彼女が魂の救済への一歩を踏みだしたのは、冷たい雨のしょぼ降る日でした。そう、こういうことはある。私はここでも深い真実にふれて、思わず身をふるわせたものでした。

『百まいのドレス』
エレナー・エスティス／作　石井桃子／訳　ルイス・スロボドキン／絵
岩波書店 2006年 1600円（税別）
ISBN 978-4001155792

拒否の果ての受容へ――〝現実〟を抱きしめる子ども

世の大人たちが、受け容れがたい現実をそれでもなんとか受け容れて暮らしを営んでいるように、子どもたちもまた、生きてゆくためには、ひりひりと痛みのともなうこの作業を、折々たったひとりでしなければなりません。誰も代わってやることはできない。

でも、こうして人は、人を人にする哀しみのひだを、一つ、また一つと、己の中につくっていくのかもしれません。フィリパ・ピアスの『まぼろしの小さい犬』は、読むたびに、こんなことを私に考えさせてくれます。

主人公は、一〇歳くらいかと見える少年ベン。父親はロンドンの地下鉄労働者。姉二人、弟二人に挟まれて、なんとなく孤立しがちなところにいます。郡役所の道路工事夫として長年働いてきた母方の祖父は、ベンの犬好きに気づいて、次の誕生日には犬を贈る、とついつい約束。物語は、少年が待ちに待ったこの誕生日の朝に始まります。
でも、祖父がくれたのは生きた犬ではなく、犬の絵のししゅうが入った小さな額でした。ベンは落胆し、怒り、けれど、その後この額をなくしてからは、逆にこの犬のまぼろしを見るようになり、そのために交通事故にまで遭ってしまいます。

やがて、物語の山場がやってきます。家族の転居もあって、ベンはようやく本物の生きた犬を手に入れることになりますが、夢に見つづけた犬を胸に抱けると喜び勇んで出かけた祖父母の家で少年を待っていたのは、自身で名まえまで用意し、友だちにも吹聴してきた犬とは似ても似つかない不細工な犬で、しかも実に平凡な名まえがすでに付けられていました。

しかたなく受け取りはしたものの、ベンは帰路、この犬に邪険な態度をとりつづけます。あくまでもまぼろしの犬を追いつづけるか、それとも、とぼとぼついてくる生きたこの犬を受け容れるか、少年の中では激しい葛藤が続きます。

そしてついに犬のほうがあきらめて、ハムステッド・ヒースの夕闇に消えていこうとしたとき……。

拒否の果ての受容へ。否定の果ての肯定へ。痛みと悲しみをともないつつ、人はそうやって生きていく。子どもだって……と、ピアスは考えていたのではないでしょうか。しかも、そこにあるのがあきらめではなく意志であることに、私はいつも背を押される思いがしています。

『まぼろしの小さい犬』

フィリパ・ピアス／作　猪熊葉子／訳

岩波書店 1989年 1800円（税別）
ISBN 978-4001155068

生きのびる力

冤罪(えんざい)の可能性きわめて大とされる元死刑囚、袴田巌(はかまだいわお)さんの現在の日々を伝えるドキュメンタリー映画を一緒に観た友人が、映画館を出て、ぽつんと言いました。

「袴田さんは狂ってなんかいない。もう一つの世界を創って、そこに身を置かなくては、死刑囚としてのこの長い年月を生きのびられなかったんだと思う。今はまだ元に戻れないでいるだけだよ。」

はっとしました。あの男の子と一緒だ、と思ったのです。

男の子は紙の帽子をかぶり、新しいらっぱを持って、意気揚々(ようよう)とひとり森に向かいます。でも一歩踏み入れた森の中は、さまざまなものの気配がして、男の子はおびえはじめます。

そこで彼はどうしたか。知っている動物たちを次々空想で呼び寄せ、自分がリーダーになって、動物たちと遊びながら、恐怖の森を進んでいくのです。うさぎが一匹、どんな遊びにも加わらず、守り神のように、そっと彼の傍らに居つづけます。

と、そこに迎えのお父さんが登場。息子を肩車に乗せて家路(いえじ)につきます。そのときのお父さんの台詞(せりふ)の、なんてすてきなこと！

そうです。こうして袴田さんと『もりのなか』は、私の中でしっかりとつながりました。弟の帰宅を祈り、信じて、住居を整え、長い長い年月待ちつづけた袴田さんのお姉さんは、『もりのなか』のお父さんのような存在にちがいありません。

とてつもない不条理を、人はどうしたら正気のままに生きのびることができるのか。とてつもない不安や恐怖に、子どもはどうしたら、ひとり立ち向かえるのか。人間に与えられている、空想する力を思います。いえ、それだけでなく、時には現実を遮断(しゃだん)する力も。

空想も、現実の遮断も、合理性こそ価値あるものとされる今日の社会では、マイナスの価値しか与えられていません。けれど私たちは、立ちすくむ己の脚を、時にこうしたものに助けられて、ようやく前に踏みだすということをしてきたのではないでしょうか。

『もりのなか』のあの男の子が袴田さんと出会ったら、二人は黙って、当たり前のように手をつなぐのではないか。そんなことを想像したら、からだがぽっとあたたかくなりました。

『もりのなか』
マリー・ホール・エッツ／文・絵
まさきるりこ／訳
福音館書店 1963年 1000円（税別）
ISBN 978-4834000160

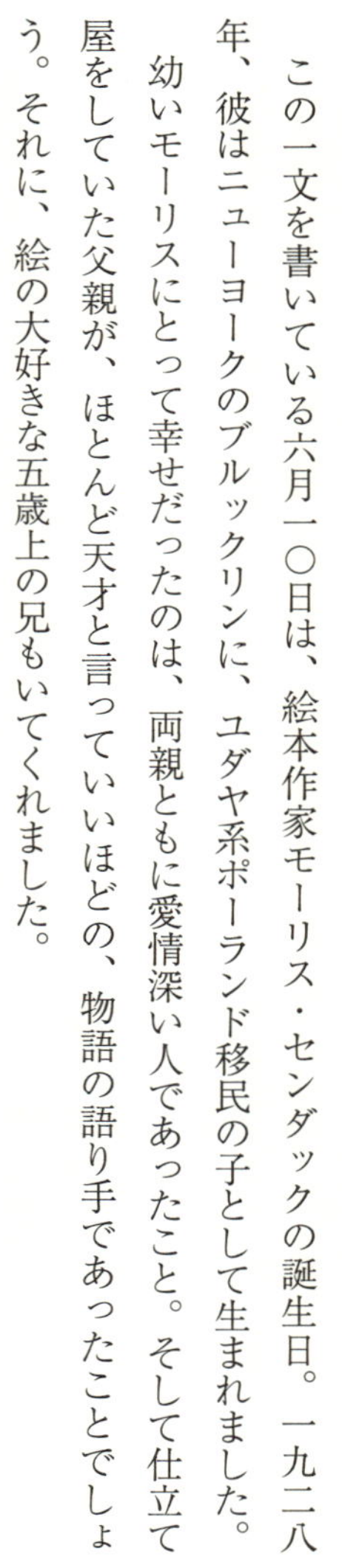

すぐれた観察者

この一文を書いている六月一〇日は、絵本作家モーリス・センダックの誕生日。一九二八年、彼はニューヨークのブルックリンに、ユダヤ系ポーランド移民の子として生まれました。幼いモーリスにとって幸せだったのは、両親ともに愛情深い人であったこと。そして仕立て屋をしていた父親が、ほとんど天才と言っていいほどの、物語の語り手であったことでしょう。それに、絵の大好きな五歳上の兄もいてくれました。

加えて、病弱であったことが、外に遊び友だちをつくらせなかったかわりに、モーリスをすぐれた観察者へと育てていきました。センダックは後年ディケンズの作品について、「その底には、すべてを見つめ、眺め、調べ、観察し、深く感じ、ひどく苦しむ、幼い子どもの張りつめた気持ちが流れている。それがディケンズを超一流の作家にしたのだ」と語っていますが*、これはそのまま、センダックみずからを語っている言葉と言えましょう。

さて、センダックの代表作はやはり、『かいじゅうたちのいるところ』。この絵本が一九六三年にアメリカで出版されたとき、多くの図書館員は、この本は子どもに恐怖を与えるからと、書架に置くことをためらったそうですが——日本でも同じ状況は今もあります——当の子どもたちは、大人の心配などどこ吹く風。主人公の男の子と共に怒り、その怒りを想像力をフルに使ってすばらしい方法で発散させ、共にすてきな旅をして、でも、怒って飛びだしたはずの誰かさんのところがやっぱり恋しくなって、そのふところに戻ってきたのでした。

もう三〇年も前のある日、私は膝に抱いた四歳の子どもにせがまれて、この絵本を連続七回読んだことがあります。「もいっかい」「もいっかい」と身じろぎもせず絵に見入り、私の読む言葉に耳をすましていたこの男の子は、私が七回読みおわると、「わかったァ」といかにも満足したように言って、外に飛びだしていきました。

主人公と一緒に、この子がどんな旅をしたのか。そもそも何が「わかった」のか。結婚を前に婚約者を連れて訪ねてきた彼に聞いてみましたが、彼はその日のことなど全く憶えていませんでした。あと三〇年もすれば思い出す日がくるかもしれませんが、今はこれでいいのだと、私は思ったことでした。

＊　セルマ・G・レインズ『センダックの世界』岩波書店。

かいじゅうたちのいるところ
モーリス・センダック さく　じんぐうてるお やく

『かいじゅうたちのいるところ』
モーリス・センダック／作
じんぐうてるお／訳
冨山房 1975年 1400円（税別）
ISBN 978-4572002150

洗濯ばあさんの話

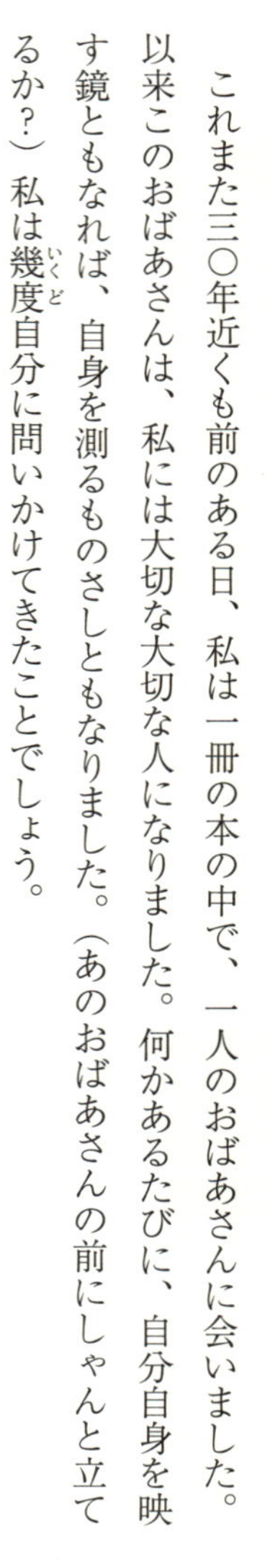

これまた三〇年近くも前のある日、私は一冊の本の中で、一人のおばあさんに会いました。以来このおばあさんは、私には大切な大切な人になりました。何かあるたびに、自分自身を映す鏡ともなれば、自身を測るものさしともなりました。（あのおばあさんの前にしゃんと立てるか?）私は幾度自分に問いかけてきたことでしょう。

少年時代、ポーランドのワルシャワで出会ったこのおばあさんのことを書いて私たちに知らせてくれたのは、短編集『お話を運んだ馬』（岩波書店）の作者でもあるI・B・シンガーです。

おばあさんは洗濯女をしていました。今から百年も昔のこと。おばあさんの暮らしていた地域には、洗濯機はもちろん、水道も通っていなかったと本にはあります。おばあさんの仕事は、歩いて一時間半かかる郊外の村から町に出てきて、家々から洗濯物を集め、二週間か、遅くとも三週間後にはどれもきれいに洗ってのしをかけ、「磨きあげた銀製品のよう」にして、それぞれの家に届けることでした。シンガーは、このおばあさんには人間としての「一種の誇りや働くことへの愛情があった」と書いています。

事が起きたのは、このおばあさんがそろそろ八〇になろうとしていたときのこと。ポーランドにいつにない寒波がきて、粉雪の吹き荒れる中、その日もおばあさんは洗濯物を集めにきて、よろめきながら立ち去っていきます。が、それきり彼女は、四週間たち五週間たっても姿をあらわしません。やっと二カ月以上が過ぎたある夕刻、おばあさんは仕上がった洗濯物の大包みを背負って、少年の家の戸口に姿をあらわします。ずっと病気でふせっていたとのこと。

彼女は手間賃のコインを受け取ると、ハンカチにくるんで、夕闇の中に消えていきます。「預かった品物は元の持ち主にきちんと戻したい。」引き受けた務めを最後まで果たして、おばあさんはこの世を去ったのでした。

初めてこの「洗濯ばあさん」に本の中で出会ったとき、私は世界のあちこちにこういう人たちがいてくれて、それゆえ社会は崩れずに、なんとか持ちこたえてきているのだと気づかされました。一人のおばあさんが生きて、死んだ。これもまた、ただそれだけの話なのですが、このおばあさんと出会えたことは私の宝となって、日々を支えつづけてきてくれました。

『よろこびの日――ワルシャワの少年時代』
I. B. シンガー／著　工藤幸雄／訳
岩波書店 1990年 620円（税込）
ISBN 978-4001121001

ひとり居がもたらす奇跡

宮沢賢治の作品に出会って、この世界、さらには宇宙への目と耳を、いえ、もっと広く身体をひらかれたという人は、少なくないにちがいありません。

言われてみれば、なるほどどきのこはどってこ、どってこと生え、春、山はうるうるともりあがる。それに、子どもらは「うれしまぎれにけんかをしたり」、そんな子どもらを見ているうちに、母親たちも嬉しくなって、子どもらの頭をぽかぽかなぐる。「狼森(おいの)と笊森(ざる)、盗森(ぬすと)」のこのはじけるような喜びの描写に心躍(おど)らせた人も、これまでいたにちがいありません。

もうその日から、これまでにも増す苦労が、この開拓農民たちを待ちうけているであろうことは、親も子もよくわかっている。それでも、新天地を求めてやってきた人々は、新しく鍬(くわ)を打ちこむ大地が与えられた喜びに、楽しいけんかまで始めてしまう。ああ、いいなあと、私は読むたび思います。たしかに、こんなけんかだってある。

でも、この作品にもまして私が惹かれつづけてきたのは「鹿踊(ししおど)りのはじまり」でした。この入れ子になった作品の外箱は、風。私たち読み手は、その風の語る物語を聞くという形になります。物語に登場するのは仕事中に栗(くり)の木から落ちて、膝をいため、秋深く、自炊の用意をしてひとり湯治場に向かった男、嘉十。その途中、嘉十が体験したことが、風の語った話の中身ということになります。

嘉十がその目で見、耳に聞いたふしぎなことは直に作品をお読みいただくことにして、なぜ嘉十にそんな奇跡がおこったのか。私は読むたびに考えてきました。そして幾度か目に、はたと気づいたこと。それは嘉十が、人間社会のはずれにひとりいたということでした。

膝をいためて労働ができなくなっていたということは、生産性の求められる人間社会のはずれに置かれることを意味します。しかも彼はたったひとり。仲間はいませんでした。「ともだち一〇〇人」の世界から遠くにいたわけです。

でも賢治は、そんな状況に置かれる人間にこそ訪れる至福の時の存在を、喜びの瞬間を、決して見逃すことはありませんでした。そこに生まれたのが「鹿踊りのはじまり」だったのではと思います。

そう、一つの世界のはずれは、もう一つの世界の入口ですものね。

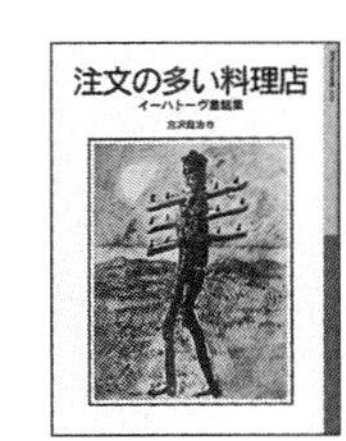

『注文の多い料理店――イーハトーヴ童話集』

宮沢賢治／著

岩波書店 2000年 640円（税別）

ISBN 978-4001140101

3

毎日は同じじゃない

もう十数年も前のこと、講演に出かけた中・高一貫校で、産休を終えて職場に戻ったばかりだという若い先生に廊下で呼び止められ、「赤ちゃんは、毎日同じことのくり返しが好きなのよ。」と復職の際、母親から言われた、とうかがったことがあります。時間にすれば、ほんの一、二分の話でしたが、私はお母様のこの言葉と、それをしっかり受けとめて私に伝えてくださったこの先生に、今も心の中で「ありがとう」と言いつづけています。

変化こそ大事なもの、くり返しの毎日なんて意味のないもの、と私たちは思いがちで、さまざまな行事を用意します。イベントフルな日々こそ活気ある、よき日常で、子どもたちにもそういう日常を用意してやらなくては、と大人たちはつい思ってしまいます。今やイベントの渡り歩きはあちこちに見られる現象で、「コト消費」とも名づけられ、市民権を獲得していっています。それはまるで麻薬のようで、人々はイベントなしでは暮らせなくなるのではと案じられてくるほどです。

ただ、そんな中にも、入園式も卒園式も含め「行事いっさいなし」を実践している〝幼児教室〟があったり、いっさいとまではいかなくても、極力〝行事〟を減らして、傍目にはただのくり返しとしか見えない日常を大切にしようとする保育者たちがいることも事実です。私たちは足を止めて、自分自身の日常を見なおしてみてもいいのではないでしょうか。そんなに私たちは、薄っぺらな日常を送っているでしょうか。子ども時代を思い出すとき、よみがえってくるのは、イベントだけでしょうか。

❖

むしろ……と私が思い出すのは、かつて短大に勤務していた折、「子ども時代の忘れられない思い出は？」とたずねたときの、学生たちの答えの中身です。

初めのうち出てくる答えは、何かを買ってもらったことと、どこかに連れていってもらったことばかり。（本当にそうだろうか？）私は疑いをもちました。イベントと消費から遠く遠く育ったこともありますが、私自身思い出すのは、暮れていく縁側（えんがわ）で本を読んでいて、はっと気がつくと、字が読めないほどの闇に包まれていたことだったり、子どもの私の頭ごしにしゃべっていた大人たちの話の中身だったりするわけです。

（何かちがう。）と思った私は、友人の助言そのままに、翌年からは「何かを買ってもらったことと、どこかに連れていってもらったことは除く」という条件をつけることにしました。すると、出てくるわ、出てくるわ。その一つ一つが絵本になり、物語になる。そう思わないではいられないほどの豊かさでした。それぞれの思い出の、内面への刻まれ方が、まるでちがうのです。
このあたりのことは拙著『幸福に驚く力』（かもがわ出版）に記しましたので、そちらをお読みいただくことにして、でも、一つだけ例を挙げれば、祖母の見舞いに病院に向かう電車の中で、隣に座った祖父が、幼稚園児の自分の膝をトントントントン叩きつづけてくれたことを話してくれた学生がいました。その学生は、授業のあったその日の放課後、初めてひとり、私の研究室にやってきて、「話してみてわかったんですが、あのトントントントンが、子ども時代から今まで、ずっと自分を支えてきてくれたのかもしれません。」とだけ言うと、満足したようにちらと微笑を浮かべて、帰っていきました。

勘ぐれば、実はおじいさんは、人生を共にしてきたおばあさんの容態が心配で、その心配を、孫の膝を叩くことでやわらげていたとも取れなくはありません。でも、そんなことはどうでもいいのです。そこに居た幼い孫は、そのトントンが嬉しかった。それで十分ではないでしょうか。

私たちの暮らしには、このトントンに通じることが無数にあるように思います。でも、それはイベントと消費に忙しく駆けずりまわっているときには、ほとんど気づかれずに終わってしまう。なんだか、もったいないなあ、と思います。

じっとしていたら見えてくるもの。聞こえてくるもの。向こうからやってくるもの。みずから事を起こさなくても、いや、起こさないからこそ、この肌に感じられるもの。そうしたものは、数えきれないほどあるのに……。

冒頭に記したお母さんの言葉を、私はやっぱり、くり返し、くり返し、かみしめないではいられません。

けがする自由

子どもと直(じか)にかかわる仕事をしている人たちが最も恐れることの一つに、子どものけががあります。膝をすりむいて帰ろうものなら、たちまち親から抗議(こうぎ)がくると初めて聞いたときは、にわかには信じられませんでしたが、保育の現場にいる卒業生たちに聞くと、事実とのこと。そのために現場は神経質になって、少しでも危険がありそうな遊具は、子どもの手の届かないところに押しやってしまうといいます。

もっとも、こんなことは今に始まったことではなく、「眠り姫」の父親だって、予言の実現を恐れて、つむというつむを姫から遠ざけてしまいました。私もまた、同じ状況に置かれたら、同じことをするかもしれません。

こうした心配や配慮が、守ろうとした幼い人たちの精神をどれほど縛り、その生きる力を奪って、結果的には彼らを危険にさらすことになるかに、私たちはなかなか思い至りません。

第二次大戦中の一九四四年、ナチ支配下のチェコにあったテレジン収容所で、一人の若い父親が監視(かんし)の目を盗んで、三歳の誕生日を迎える息子トミーのために一連の絵を描きつづけていました。物心ついてから収容所しか知らないわが子に、壁の外にいたら生きられたであろうもう一つの世界をプレゼントしようとしたのです。

この行為は発覚し、トミーの両親はあいついで死に追いやられますが、絵は収容所にいた仲間の手で壁の中に隠されて生きのび、解放後、壁から取り出されました。この一連の絵に、父親の思いを別の人が言葉にして添えて本にしたのが、『トミーが三歳になった日』です。

この本の中の絵のトミーの、元気に太って、幸せそうなこと！　壁の外の世界で、トミーは自由な日常の日々をのびやかに生きています。

そんな中に、なんとトミーが腕を骨折して、三角巾で吊っている絵があります。はっとしました。自由であるということに、トミーの若い父親は、けがをすることまで含めていたのでした。

若い日、困難の予想される男性との交際に反対した親に向かって、「私にも傷つく権利がある」と心中高らかに宣言していたローズマリー・サトクリフのことを、私はまた思い出しています。

『トミーが三歳になった日』
ミース・バウハウス／文
よこやまかずこ／訳
ほるぷ出版 1982年 1200円（税別）
ISBN 978-4593501748

センチメンタルでもなく、軽率でもなく……

このごろ、小学校で読みきかせのボランティアをしている人たちから、「きつい言葉の入っている本は教室に持ちこまないでほしい、と先生方から注意される」という話をよく聞きます。例としてしばしば挙がるのが、ノルウェーの昔話絵本『三びきのやぎのがらがらどん』（マーシャ・ブラウン絵、瀬田貞二訳、福音館書店）。この絵本は、私が講師として参加した幼稚園教諭の絵本の研究会でも、避けたい本の一冊として挙がっていました。乱暴だし、子どもに恐怖を与えるというのです。今まで四〇年も、身近にいる幼い人たちに読んでもやれば、保育の現場に行く学生たちにすぐれた昔話絵本として紹介もしてきた私には、ショックでした。

生きていくということは、闘いの連続なのに。不安や恐怖と闘い、己の内外の諸々の悪と闘い、そして何かを得ようとすれば、私たちは必ずやその代償を払わなくてはならないのに。昔話やすぐれた子どもの文学には、それがなんとみごとに象徴性をもって描きだされていることでしょう。

瀬田貞二は、その著『幼い子の文学』（中公新書）の中で、「残酷だ、ひどい、こんなものは耐えられないというのは、「逆にお母さんなり、社会なりの衰弱だと思います」と語っています。

瀬田がこのとき例に挙げたのは、現在は日本語版のあるアリソン・アトリーの『グレイ・ラビットのおはなし』。ここには、自分たちの命をねらうイタチを相手にした、主人公グレイ・ラビットの知恵をしぼった壮絶（そうぜつ）な戦いが書かれています。家族が安心して生きていくための知恵と技をフクロウから教えてもらうのと引き換えに、自分の大切にしてきた美しいしっぽを相手に差し出さなければならない話もまた。

フクロウは、鋭（するど）いくちばしのひとかみで、グレイ・ラビットのしっぽをかみ切るのです。瞬間、その痛みは、読む者の全身を貫（つらぬ）きます。けれど、私たちがおどおどしないで生きようとしたら、時にはそういう痛さにも耐えなければならないのではないでしょうか。

瀬田は、この作品には「センチメンタルでもなく、軽率（けいそつ）でもなく、うんと強くて、しかもすがすがしい浄化（じょうか）力をもった一種の活気」がある、と称（たた）えます。

私たちは今、「配慮」という名のもとに、こうした物語体験をする機会を子どもたちから奪おうとしているのではないでしょうか。

『グレイ・ラビットのおはなし』
アリソン・アトリー／作
石井桃子・中川李枝子／訳
岩波書店 2000年 640円（税別）
ISBN 978-4001140040

しあわせを受けとめる力

子どもってほんとに天才！　何の？　生きることの。生きてしあわせを受けとめることの。子どもにしあわせでいてもらうためには、たくさんのお金なんかいりません。どこかへ連れていったり、何かを買ってやることも不要。愛情深く見守ってやる人がいれば、それでよし。まったく彼らの、幸福に驚く力といったら！　それは、何十年も生きて、円熟の域に達した大人にも、ひけをとらないのではないでしょうか。

久しぶりにこう実感させてくれる本と出会えました。スウェーデンで二〇一〇年に生まれた『あたしって、しあわせ！』です。

主人公は小学校一年生の女の子。母親は病死し、今は父親と二人で暮らしています。彼女は眠れないとき、羊の数を数えるかわりに、「あたしって、しあわせ！」と感じたときのことを思い出すことにしています。いとこからカエルをもらったときのこととか、初めて三かき泳げたときのこととか。

でも、もちろん、この幼い子の日々が、しあわせだけで成り立っているわけではありません。（あたしって……たぶん、しあわせよね？　でも、いつもとはかぎらない……。）女の子の言うとおりです。学校という初めての場への不安。友だちができなかったらという不安。でも、入学二日目に彼女は、同じようにひとりぼっちでいた子を見つけ、大の仲良しになります。日々、さまざまなことが女の子にも起こります。大の仲良しは、ほどなく遠いところへ引っ越していきます。校庭で転んで膝をすりむいたり、サッカーをしていて額に大けがをしたり。泣いてしまった自分を彼女は説明します。けがが痛くて泣いたのではない。自分がしあわせでないから、涙が止まらなかったのだと。

ああ、私にも憶えがあります。ただただ、情けなくなってしまったのです。けんか騒ぎの中、思わず男の子をつきとばして、その子の歯を傷めてしまったり……。ごはんも喉を通らないことだってあります。

でも、やっぱりしあわせはいっぱいあるのです。しあわせすぎて眠れなくなるくらい。

この本をつくった大人たちの内部では、〝子ども〟が躍動しているにちがいありません。ああ、たのしかった。心からお礼が言いたくなりました。

『あたしって、しあわせ！』
ローセ・ラーゲルクランツ／作　エヴァ・エリクソン／絵　菱木晃子／訳
岩波書店 2012年 1500円（税別）
ISBN 978-4001156522

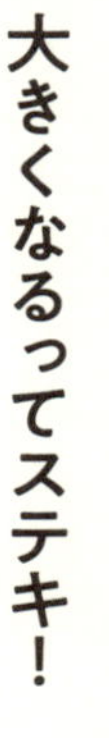

大きくなるってステキ！

『海べのあさ』は、『かもさんおとおり』や『サリーのこけももつみ』などで知られるアメリカの絵本作家、ロバート・マックロスキーの作品です。原書の出版は一九五二年。日本には一九七八年、石井桃子訳で紹介されました。

Ａ４サイズの大型絵本ですが、表と裏の扉見開きの地がグリーンである以外、色は使われていません。「大事件」を語っているわけでもありません。

でも、その朝起こったことは、少女サリーにとっては天地を揺るがす大事件でした。気もちよく目覚め、小さな妹の歯みがきの面倒をみてやってから、さて自分も、と歯をみがきだしたサリーは、歯が一本ぐらぐらしているのに気づいたのです。サリーはたちまちたいへんな不安と恐怖に襲(おそ)われて、台所の母親のもとに駆けていきます。

けれど、いま自分に起こっていることは成長の証(あかし)、と母親に教えられ、それまでの不安と恐怖は嘘(うそ)のように吹きとんで、かわりに嬉しさと誇らしさに、サリーの胸ははちきれんばかりになります。まわりの生き物の歯のことも、にわかに気になりだしたのは、言うまでもありません。そんなサリーのほんの半日を描いたのがこの絵本です。

歯が抜けたら枕の下に入れて、ひみつの願いごとをするのだと教わって楽しみにしていたのに、気がついたら肝心の歯の抜けたのに気づかず、どこかに落としてしまっていたり、父親にぽろっと願いごとの中身を明かしてしまったり。父親と舟で出かけた先の町の大人たちは、歯が抜けたことを誇って胸をはるサリーが可愛くて、からかったりもします。

サリーにとって、この朝がどんなに輝かしいものであったか！ 大きくなることの喜びを、こんなにすてきに描いてくれた作者に深謝(しんしゃ)。

けれど、五〇代に入って、ようやく私は気づきました。この少女の成長の一瞬を輝かせている背景が、この絵本にはとりわけしっかりと描かれていたことに。

人類の誕生前から時を刻んでいた海。陸地。陸地の岩をがっしりと根で抱きこんで、天に向かって伸びる、樹齢(じゅれい)何百年と見える大木。大木のあいだの若木。人間もまた、幼児から初老の男まで登場します。

飛びはねるサリーの背後で、時間の交響楽は、深く静かに流れていたのでした。

『海べのあさ』
ロバート・マックロスキー／文・絵
石井桃子／訳
岩波書店 1978年 1700円（税別）
ISBN 978-4001105797

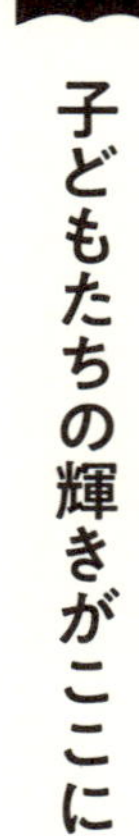

子どもたちの輝きがここに

二〇一五年夏、高知市で開かれた小・中学校の先生を中心とした講座で、高知県こども詩集『やまもも』を知りました。一九七七年に発刊されて、これはもう三九集。帰りの車中、頂戴した詩集を開いた私はすっかり夢中になって、乗り換えを忘れそうになるほど。自宅に帰り着くまでの五時間あまりの楽しかったことといったらありませんでした。

『やまもも』第三九集のタイトルは『むてきの三人組』。ここに収められている、小学校二年生の子どもの詩のタイトルをそのまま用いたものです。本書には、応募総数六四三一篇の詩の中から、小学生二八九篇、中学生四二篇の作品が選ばれて、掲載されています。ほかに保育園の幼児たちの言葉を書きとめたものが数篇。そしてほぼ全ページにわたって、子どもたちの手になるカットが入っています。

読みながら、ふと『山びこ学校』を思い出したのは、子どもたちの五感がとらえる日々の暮らしが、実にあざやかに描かれていたからでしょうか。祖父母、親、きょうだいがよく登場し、時に労働と言っていいほどの手伝いもしている。私はそこに、健康な暮らしのありようを見て、嬉しくなってしまいました。

それに何より、子どもたちが解放されている。遠洋漁業から久しぶりに父親が帰ってくるというその特別な日、授業が終わって、さあ帰ろう、と思っていた矢先、プリントを配りはじめた先生に、小一の少女は「それどころじゃない」と怒って、こっそり下校しています。

校長先生の誕生日に、先生の笑った顔を描いて贈った小二の少年に、先生は礼を言ったものの、少しすると少年の教室に来て、「かみの毛もうちょっとかきたしてや。」と頼みます。と、少年は「いいよ。おたん生日やき。」と言って描いてやるのです。

「むてきの三人組」も、二年生の男の子の書いたもの。「おれたちむてきの三人組。グレートだん！」とポーズを決め、元気いっぱい駆けまわり、笑いころげるグレート団は、「ただ今、だんいんぼしゅう中」。

でも、子どもたちののびやかな詩の裏に、私は先生たちの子どもたちへの愛と、仲間と支え合ってのみずからの解放への闘いを見ずにはいられません。子どもたちの輝きは、それあってこそのもの。そのことを忘れかけていた自分を、私は今、恥じています。

『むてきの三人組』
高知県児童詩研究会／編
高知新聞社 2015年 1429円（税別）
ISBN 978-4906910342

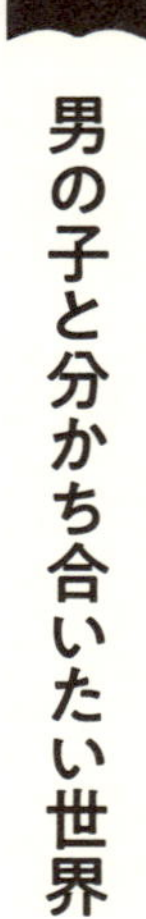

男の子と分かち合いたい世界

人は、これはという他者と出会ったとき、どうやって関係を取り結んでいくのでしょう。そのとっかかりを探しながら、ついにチャンスなく、残念な思いをした体験は、子どもにも大人にも二度や三度あるにちがいありません。

ああ、あのとき、ひとことと声をかけていたら……。そうか。だから私たちの先を行った人たちは、「縁あって」という言葉を残してくれたのでしょうね。

さてこれは、男の子の友情の物語です。いいえ、友情とまではまだいかない、そのとっかかりと言うべきか。一人の男の子がどうやって好意をもつ男の子に近づき、どんなふうに関係を取り結んでいくか、そのためにどんなことをしでかすものかを、どうということのない子どもたちの日常の中にとらえて絵本にしたものです。こんなに頭を使い、こんなに用心深く、かつ大胆に。この子どもの真剣さを、誰が笑うことができましょう。

「がっこうがえり。いがいなところで　れおくんは　ぼくをまっていて、（ここでページをめくります）れおくんショーをはじめる。これは　シェーのポーズ」。物語はこんなふうに始まります。れおくんはやがてチンパンジーのまねやら、妹のまねを始め、そのれんぞくわざに、

「ぼく」は大笑いします。それからふつうの顔になって、二人は並んで帰ります。

授業中も、れおくんは後ろの席の「ぼく」にへんな顔（それがどんな顔かは、ぜひぜひ絵本を手にとってごらんください）をしてみせますが、先生のほうに向きなおるときは、真面目な顔に戻ります。れおくんは、ほかの子にはへんな顔はしてみせません。なぜ「ぼく」だけにするのか。「ぼく」はある日、思いきって聞いてみます。答え？　あっ、もう、言ってしまいました。

さて、このれおくんの思いに「ぼく」はどう応えたか。


作者の長谷川集平は、一九七六年、二一歳のとき『はせがわくん　きらいや』で鮮烈なデビューを果たして以来、今日まで、絵本と児童文学の分野で、真摯に、決して子どもに媚(こ)びないすぐれた仕事を続けてきた作家です。

子どもを人形のように描いたものを、かわいい、かわいいと褒めそやす風潮のいっこうに衰(おとろ)えない日本に、こんな絵本作家がいてくれることを、私はひそかに喜んでいます。

『れおくんのへんなかお』
長谷川集平／作
理論社 2012年 1200円（税別）
ISBN 978-4652040997

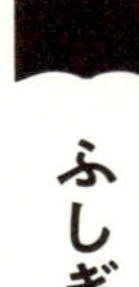

ふしぎは私たちの暮らしの中に

自然が失われた所では、子育てはできない。自然の中でこそ、子どもはちゃんと育つのだ。そう主張する人たちがいます。けれど、子どもの本の作家の中には、〝自然〟になどほとんど一行もふれていない人たちがいます。アメリカのカニグズバーグがそうですし、ニュージーランドのマーガレット・マーヒーもまた、作中自然のよさを書くどころか、主人公の少年を大型スーパーのカート置き場や高速道路の中央分離帯に置いて、物語を転回させていきます。そういえば、イギリスのフィリパ・ピアスも。

私自身は農家に育ち、〝自然〟とはいやというほど付き合わされてきた者ですが、「子どもの育ちに自然は不可欠」との、ほとんどお説教に近い言説(げんせつ)に接するたびに、首をかしげてきました。いや、いま挙がった作家は皆すでに故人。時代が古い、と言われるかもしれません。彼女らの時代には、「自然を!」と叫ぶ必要などなかったのだと。けれど、「自然」とは何なのか。

一九八九年秋、マーヒーが来日、二週間ほど講演旅行などのお供(とも)をしたある日の車中で、この疑問を抱きはじめていた私はこの作家に、自然とは何か、自然をどう考えるかとたずねたことがあります。だって、この言説が正しいとしたら、世界に何百万、何千万といる、田舎になど連れ出してもらう機会のない子どもたちは、まともな人間になれないということになってしまう。それはおかしいと思ったのです。

するとマーヒーは言ったものです。「もし、そうだというなら、日本での『自然』のとらえ方がちがっているのだと思う。natureとは、生まれたとき、そこにあったものを言うんじゃないの。赤ずきんにとって森はnatureだったかもしれないけれど、現代の都市で生まれた子どもにとっては、ビルの建ち並ぶ街がnatureだもの。」

そうか。それでby nature（生まれつき）なんだ。私はすとんと納得。なんだか、またちょっとだけ自由になった感じがしました。

この少し後でしたか、レイチェル・カーソンの『センス・オブ・ワンダー』と出会ったとき、ああ、私もしてきた！　と嬉しくなりました。月の光にからだをさらすことも、夜半（やはん）西に傾く満月を静かに見送ることも。初夏のある日、庭の花ニラは、自分の花より大きい蝶（ちょう）に蜜を吸わせながら、その細い茎（くき）を全くたわめることなく、静かに立ちつづけていました。

『センス・オブ・ワンダー』
レイチェル・カーソン／著
上遠恵子／訳
新潮社 1996年 1400円（税別）
ISBN 978-4105197025

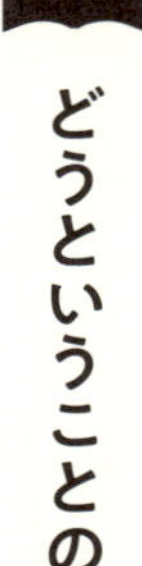

どうということのない日々の中に

何か特別な才能をもった子どもではない。特別な状況にある子どもでもない。どこにでもいる子ども。あんまり目立たないので、いなくなっても誰も気づかないような子どもの内面のドラマを描いて、フィリパ・ピアスを超える作家がどれだけいるでしょうか。

あんまり「ふつう」で、あんまりありふれたことに見えるので、気にもとめずに過ごしてしまう日常の小さな出来事を描いて、そういえば、と無意識に封じこめたその時々の悲しみや安堵、喜びを追体験させてくれる作家に、私たちは今どれくらい出会い、どれくらい丁寧に付き合っていることでしょう。

勤務先の短大のゼミで、半年かけてピアスの短編集『真夜中のパーティー』を学生たちと読み合ったときの教室の空気を、私は二〇年経った今も忘れることができずにいます。一作一作を丁寧に読んで教室に集まってくる学生たちの、安らぎに満ちた静かな表情。それは今思えば、子ども時代に抱えた怒りも悲しみも悔しさも、時には周りの大人に見てしまったずるさに対する自身の嫌悪も、ここではまるごとすべてが許されて受けとめられている、という安心感あってのことだったのかもしれません。

学校にいても、家族といても吐露できない悲しみ、怒り、悔しさなど、いわばマイナスの感情と呼ばれるものに、フィリパ・ピアスはこの短編集の一作一作で丁寧に寄り添い、出口の見えるところまで、共に歩いてくれています。冒頭の「よごれディック」を読めば、子どもがある時は周囲の大人の理不尽な行為にどうとまどっているかが手にとるように伝わってくるでしょうし、最後の「カッコウ鳥が鳴いた」を読めば、自分の楽しみを犠牲にして大人の要望に応えたあげく、別の大人からはあらぬ誤解をされた主人公の子どもの悔しさ、情けなさを、わがことと受けとめずにはいられますまい。

このとき子どもにあふれた思いは、そこに居合わせた大人とて、無縁のものであるはずはないのに、親も学校の先生も、作品に添って言えばバスの乗客たちも、ほとんどの大人が、いつかそれを忘れてしまう。この短編集は、子どもにそっと寄り添うだけでなく、子ども時代の悲しみをすっかり忘れて大人を生きる大人たちの精神の粗さと、みずからはそれに気づかぬ哀しさをも、浮き彫りにしてくれているように思われます。

真夜中のパーティー
フィリパ・ピアス作
猪熊葉子訳

『真夜中のパーティー』
フィリパ・ピアス／著　猪熊葉子／訳
岩波書店 2000年 640円（税別）
ISBN 978-4001140422

わかるよ！　この気持ち！

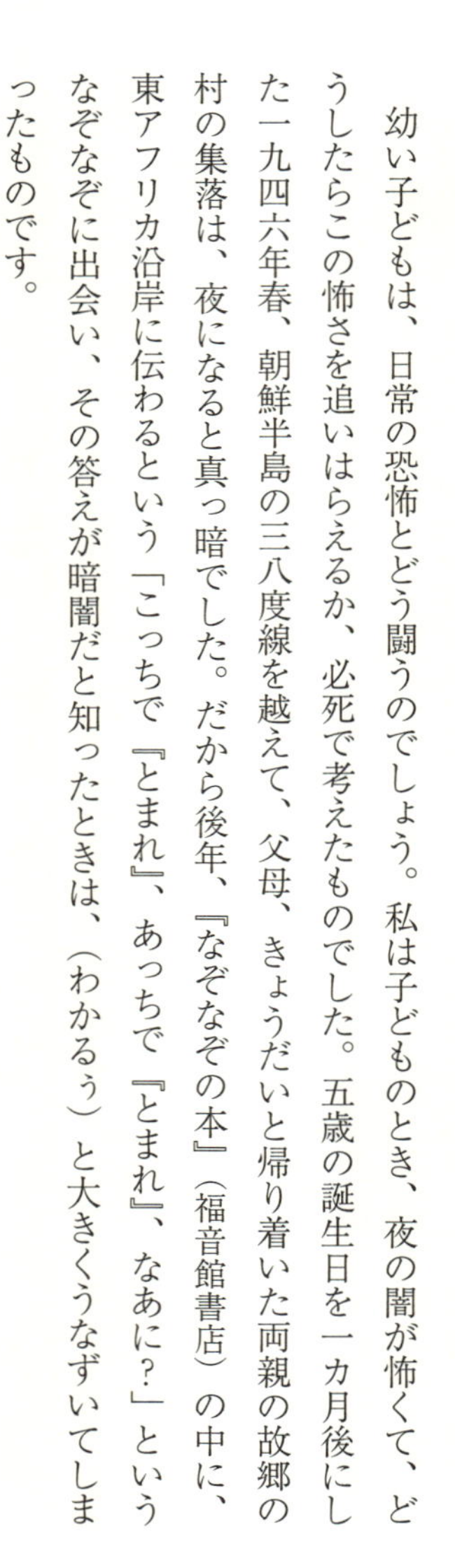

幼い子どもは、日常の恐怖とどう闘うのでしょう。私は子どものとき、夜の闇が怖くて、どうしたらこの怖さを追いはらえるか、必死で考えたものでした。五歳の誕生日を一カ月後にした一九四六年春、朝鮮半島の三八度線を越えて、父母、きょうだいと帰り着いた両親の故郷の村の集落は、夜になると真っ暗でした。だから後年、『なぞなぞの本』（福音館書店）の中に、東アフリカ沿岸に伝わるという「こっちで『とまれ』、あっちで『とまれ』、なあに？」というなぞなぞに出会い、その答えが暗闇だと知ったときは、（わかるぅ）と大きくうなずいてしまったものです。

幼い私が、怖いものをわが家に近づけまいと、懸命に考えて思いついたのは、おばけをいっぱいつくって軒（のき）につるすことでした。でも、それはだめだとすぐに気づきました。トイレは外にあったのです。軒につるしたおばけを真っ先に怖がるのは自分だと気づいたときの、情けなかったこととといったら……。

それから何年も経って、この『ぼく、ひとりでいけるよ』を手にし、あらいぐまのリトル・ラクーンと出会ったとき——すでに三五歳になっていましたが——私はこの主人公の気持ちがまさに手にとるようにわかって、それゆえこの本はすぐさま、私の大好きな本の書棚に並ぶことになりました。

物語は「あらいぐまの　リトル・ラクーンは、小さいけれど　ゆうかんでした。」と始まります。そのラクーンに、ある満月の夜お母さんは、小川まで行って、夕ごはんのざりがにをとってきて、と頼みます。「うん、いいよ。」と胸をはって引き受けたラクーンでしたが、ゆくてにはいろんな動物があらわれて、小さいラクーンの不安をかきたてるようなことばかり言います。親切な忠告と見せかけて、ラクーンをいっそうの恐怖に追いやる動物も出てきたり。あまりの怖さに、目的地までたどりつきながら用事を果たせないままお母さんのもとに逃げ帰ったラクーンに、お母さんが与えたアドバイスとは？

ああ、なんてステキ！　このすてきさに、大人の中にはこのアドバイスの普遍化をはかりたくなる人が出てくるかもしれませんが、それは野暮というもの。この物語は、そのままのサイズで楽しむのが一番と思います。

『ぼく、ひとりでいけるよ』
リリアン・ムーア／著　ジョーヤ＝フィアメンギ／絵　神宮輝夫／訳
偕成社 1976年 1000円（税別）
ISBN 978-4033130903

まさしく大切なこと

大学時代、当時の学生の常で、内外の古典をわかってもわからなくても片っぱしから読んでいた私に、突然絵本への目を開かせてくれたのは、書店でたまたま手にしたマーガレット・ワイズ・ブラウンの『おやすみなさいのほん』（福音館書店）でした。以来私は絵本を、畏れをもって見るようになりました。「世界の古典」に匹敵するものが、「子どもの本」と呼ばれるものの中にひそんでいることに気づかされたのです。

それから四〇年あまりが経ったある日、ふと手にした一冊の絵本に、私はしんと心がしずもっていくのを覚えました。陽気に騒ぎたてるでもなく、重々しくのたまうでもなく、無駄なものをいっさい削ぎ落とし、でも、生きてその存在にふれる愉しさは絵の助けを借りて読者と十分に分かち合いながら、核となるところをあやまたず読む者の心に投げこんでくる本。こんな揺るぎのない直球を投げこんでよこすのは誰？　見れば、作者はなんと、あのマーガレット・ワイズ・ブラウンでした。『たいせつなこと』がそれです。

絵本の本文はこんなふうに始まります。

スプーンは／たべるときに　つかうもの

てで　にぎれて／くちの　なかに　あうんと　おさまり／たいらじゃ　なく　くぼんでいて
／ちいさな　シャベルみたいに／いろいろな　ものを　すくいとる
でも　スプーンに　とって／たいせつなのは／それを　つかうと／じょうずに　たべられる
／と　いうこと

そして、ひなぎくは、あめは、……と続き、ついに最後の「あなた」がやってきます。

あなたは　あなた
あかちゃんだった　あなたは／からだと　こころを
ふくらませ／ちいさな　いちにんまえに　なりました
そして　さらに／あらゆることを　あじわって／お
おきな　おとこのひとや　おんなのひとに／なるので
しょう
でも　あなたに　とって／たいせつなのは
あなたが／あなたで／あること

これ以上、何を加えることがありましょう。賑々(にぎにぎ)しい消費文化の片隅にこんな絵本があってくれることに、私は感謝しないではいられません。

『たいせつなこと』
マーガレット・ワイズ・ブラウン／作
レナード・ワイスガード／絵
うちだややこ／訳
フレーベル館 2001年 1200円（税別）
ISBN 978-4577022887

4

「たのしい」だけで十分！

何年か前、一人の小学校の先生から、「『おおきなかぶ』では、いったい子どもに何を教えればいいんでしょう？　やっぱり協力の大切さでしょうか？」と聞かれたことがあります。私は、あの絵と訳文のリズムの楽しさを、近まわりの幼い人たちと分かち合っていただけでしたから、はたと言葉につまり、「それはそうかもしれないけれど、ただ楽しむだけではいけないんでしょうか。」と思わず聞き返してしまったものです。

私たち大人は、特に教育現場にいる大人たちは、教材につい「ためになる」ものを求めてしまいがちです。「たのしい」だけでは不安で、「ためになる」ものが見出せないと、こちらの読みがまちがっているのではないか、読みが浅かったのではないかと不安になって、自分を責めることまでしはじめます。

今や七〇代後半を生きる私も、子ども時代に身につけてしまった、物語に教訓を探す癖(くせ)から、長いあいだ抜け出せませんでした。子どもは、もちろんみんながみんなそうではありませんが、大人たちが自分に何を期待しているかを敏感(びんかん)に感じとって、その期待に応えようとしてしまいます。

それに「教育」の現場では、わからないところを残して先に進むことはまかりならぬこと、という思いこみがおそろしいほどに染み通っていて、先生は子どもたちを正答へ正答へと追いこんでいきます。それは牧場で羊たちを囲いの中に追いこむ姿にも似て、ひとりあらぬことを考えて楽しんでいることは許されません。私が「教室はわからなくてはいけないところ?」というエッセー*を書かずにいられなかったのは、こうした先生たちの思いこみが子どもたちを追いつめ、学年が進むにつれて「国語」ぎらいを増やしている実態を、ある時期「国語」の教科書づくりに参加していて知らされたからでした。

もちろん教科によっては、わからなくなると、そこでつまずいて、先に進めなくなることがあるのも確かでしょう。けれど、この世の中にはむしろ、わからないという事態そのものが、人が生きていくときのエネルギーの源になってくれる場合が多々あります。

ためにならないと思いこまれていること、あるいは人々が、まわりの人々を活かしていること、もの、さらには人だって同じで、そうしたもの、こと、あるいは人々が、まわりの人々を活かしているケースが往々にしてあることは、すでに多くの人々が気づいているのではないでしょうか。空想的な物語が、写実的な物語よりもはるかに深く、鋭く、人間を、そして人間の暮らすこの社会の現実を描きだすことがあるように。軽薄に見える漫才が、重々しいお説教より何倍も、日々の暮らしにひそむ真実をあばきだして見せ、それでいながら、客をふわっと抱きしめてくれたりするように。

❖

あんまりナンセンスを意味づけしようと力むと、亡き長新太さんに笑われそうですが、短大で三十数年、絵本と児童文学を中にして学生たちと付き合って、とりわけその後半、九〇年代末あたりから気になりだしたのは、学生たちが、作品に書かれていることが事実か否かを気にしだしたことでした。つまり、ノンフィクションなら入っていけるけれど、フィクションは苦手な、「実話信仰」とでも呼びたい傾向が強く出てきたのです。

もちろんこれはたぶん昔からあった傾向ではありましょう。幼い人たちはよく、「これ、ほんとにあったこと?」とたずねますし、「実話」云々と銘打ったものに私たちが惹かれやすいのも事実です。ただ、大学生になってなお、フィクションへの垣根をひょいと軽やかに越えられない人たちが出てきた。言いかえれば、自分にとっての〝現実〟というブルドーザーに乗ったまま、フィクションへの垣根をバリバリと壊して、強引に進んでいく。自分にとっての「現実」のものさしで、すべてを測ろうとする傾向が、次第に多くの学生に見られるようになったのです。

別の言い方をすれば、「昔あるところに」がそのまま「今、ここかもしれない」を意味するものとは、もはや受け取られなくなったのです。言葉で時空を越えることに困難を覚える学生たちが多くなった、ということかもしれません。

もっとも、これは私のきわめて個人的な体験であって、一般化してのもの言いは慎まなくてはならないかもしれません。それでも、やはり願わずにいられないのは、ためになるからでもなく、国語の点数が上がるからでもなく、ほんとだろうと、うそっこだろうと、ただ楽しいから読む、そんな本との付き合い方を、子どもたちには保証してやってほしい。それだけです。

＊『本の虫ではないのだけれど』かもがわ出版、二〇一〇年、所収。初出は『教科書研究・国語』学校図書、一九九三年。

魔法にかける力、かかる力

春がくると私はいつも、短大で毎年経験した、新入生初回の授業での私自身の緊張を思い出します。そんな緊張の初回、毎年毎年教室に持っていって「読みきかせ」をしたのが、春到来のよろこびを描いた『はなをくんくん』でした。

私は百人あまりの学生たちにゆっくりと表紙を見せて、書名と作者名を読みあげ、表紙をめくって中扉へ。またそこに記された書名と作者名をゆっくりと読み、扉を開けて、三度目、声を落として書名を読みます。それからそっとページをめくって読みはじめました。「ゆきがふってるよ。のねずみが　ねむってるよ、」と。

のねずみ一匹一匹の姿は小さくて、最前列の学生たちにもよく見えないのですが、それでも教室の学生たちは、この辺で早くも、しんとしてくれました。何が起こるのか、じっと絵本を見つめて、聴き耳をたてています。

この絵本、色は最後のページにほんの少し使ってあるだけで、ほかはすべて白と黒。私はなおも静かにゆっくりと読みつづけます。冬眠を続ける、くま、かたつむり、りす、やまねずみたち。私はそっとページをめくります。

「や、みんな　めを　さます。みんな　はなを　くんくん。のねずみが　はなを　くんくん、」もう、じっとしていられません。読んでいる私も何かをかぎつけて心が躍ります。読みは速くなります。駆けだしていく動物たちのあとを追って、読みはさらに速まります。「みんな　はなを　くんくん。みんな　かけてく。みんな　はなを　くんくん」どうぶつたちに遅れをとるまいと、私も必死です。猛スピードで読んでいきます。やがて物語は大団円を迎えます。

学生たちの、満ち足りた静かな顔！　誰もがぽうっと自分だけの時間を生きて、すぐには教室の時間に戻れません。やがて少しずつ人声がして。そう。学生たちが帰ってきたのです。「あの世」から。「おかえり。」と私は時々小さく声をかけました。学生たちは、自分に何が起こったのか、よくわかっていないようでした。

ああ、いいな、と私は思いました。『はなをくんくん』は、こんな奇跡を私たちにもたらしてくれました。くる年もくる年も、三〇年以上にわたって。

『はなをくんくん』
ルース・クラウス／文　マーク・シーモント／絵　きじまはじめ／訳
福音館書店 1967年 1100円（税別）
ISBN 978-4834000955

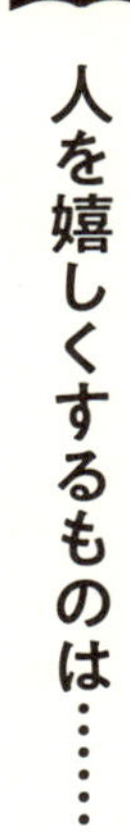

人を嬉しくするものは……

長いこと、本当に長いこと、私は詩というものに近寄りがたさを覚えていました。短歌や俳句は別として、中学、高校の授業で扱われた詩のほとんどどれも楽しめなかったのです。詩は特別の才能をもった人にだけ扉を開けてくれるのだと、私はいつか指をくわえて、遠くから眺めるようになっていました。

ところが、五〇代に入って間もないある日、ふと手にした詩集の一篇が、詩の世界への扉を大きく開けてくれました。それがこの『厄除け詩集』であり、冒頭の「なだれ」でした。

峯の雪が裂け／雪がなだれる／そのなだれに／熊が乗つてゐる／あぐらをかき／安閑と／莨をすふやうな恰好で／そこに一ぴき熊がゐる

なんという鮮やかさ！　そばに人がいなかったら、私は転げまわって喜んだでしょう。あのとき私はやっと、「わからなくてはいけない」の呪縛から解放されたのだと思います。（ばっかだなあ、おまえは！）私は自分に言って、ひとりくすくす笑ってしまいました。

それからは、勤務先の短大の文学のゼミにも、折々この詩集を持ち込むようになりました。「わかろうなんて考えなくていいの。そのままたのしんで。」頭でわかろうとする学生たちに、私はえらそうに言いつづけました。

「寒夜母を思ふ」は、私は楽しんだけれど、一八、一九の学生たちにはまだ遠いようでした。

「つくだ煮の小魚」の終わりの三行には、教室中しんとなりました。「けふ顎のはづれた人を見た」で始まる「顎」は、一緒になって遠慮しいしい笑いました。


　フランスの写真家、ロベール・ドアノーは言いました。「たくさんのことを見、たくさんのことを聴いてきたけれど、嬉しくて、それに夢中だったので、何も学ばなかった。」六〇代半ばのある日、彼の写真展でこの言葉に出会ったとき、私は嬉しくて、スキップしたい気持ちを抑えるのに大苦労したものですが、この言葉を伝えたとき、教室の学生たちの顔に浮かんだ、解放された静かな喜びの表情を、私は今も忘れることができずにいます。

　この小さな詩集に嬉しくなっちゃう中・高校生の、少なからずいてくれることを期待して。

『厄除け詩集』
井伏鱒二／著
講談社 1994年 940円（税別）
ISBN 978-4061962675

時にはナンセンスの世界に

幼い子どもが積み木を慎重に慎重に積んでいって、まだもう少しいけるかと見えるときにガチャーンと崩してしまう。そのときの子どもの一種解放された、見方によっては破壊と混乱を楽しむ怪獣を思わせるような表情に、私はいつもなぜか惹かれ、子どもの中で今何が起こっているのだろうと思ってきました。心理学の領域ではとうに説明がついているのかもしれませんが、同じ衝動は、大人もそれぞれの奥深くに持っているような気がします。

でも、実生活でそれを実行に移したら、大変なことになる。時と場合によっては、自分だけでなく他人までも殺傷することになりかねません。それでも、そうした衝動はマグマのように、時に熱をおび、また冷めながら、誰の中にも存在しつづけているのではないでしょうか。

そうした衝動を内に持つ自分と、どう付き合えばよいか。大人になれば、はぐらかすことも覚え、やりすごすこともできましょうが、一〇代の人たちはどうしたらいいか、わからない。そんなときのためにこそ文学はあるのに、近ごろ学校図書室の本は〝調べ学習〟に寄与するものばかりが先生たちから歓迎されて……とは、司書として勉強を重ねながら、法に定められた最低賃金の時給で、それでも子どもたちの力になりたいとパートで働きつづける四〇代の友人の言葉です。

実は、こんなことをあらためて考えさせてくれたのが、このシンプルな絵本でした。絵本に人は出てきません。ストーリーもいたって単純。自分の毎日のさえずりに飽(あ)きてしまった茶色いことりが、ある日、からだの大きい、いばりんぼのカラスの制止をふりきって、これまでになかったへんてこりんな鳴き方を始め、それを皮切りにほかの鳥たちも次々と妙な鳴き方を思いついて始めてしまいます。そのあまりのおもしろさにもう我慢(がまん)できなくなって、ついにはあれほどみんなを止めてまわっていたカラスまでが鳴き方を変えてしまうのですが、よく見ると、人に飼われている犬や猫までも鳴き声を変えてしまって、どうなることやら。

子どもはふざけの名人。クラスのみんなでふざけ合うもよし。ひとりくすくすと笑うもよし。たまにはセンスなど吹きとばし、ナンセンスの世界に思いきり遊んでみてはいかがでしょう。「役に立たない」本もあってほしいと思います。

『あきちゃった！』
アントワネット・ポーティス／作
なかがわ ちひろ／訳
あすなろ書房 2014年 1400円（税別）
ISBN 978-4751527115

ためになるかどうかなんて

先日、小学校で読みきかせのボランティアをしている人々の多く集まる会で、「ためになる本」から私たち自身を解き放ってやりませんか、と語りかけたら、居合わせた方々はひどく驚かれたようで、この呪縛はなかなか堅固だと、あらためて痛感させられたことでした。

大人は子どもたちを前にすると、何か意味あることを、と思ってしまいます。「ああ、たのしかった！」だけではいけない。何かを学びとらせなくては、と思いがちです。

学校の先生方と話していても、同じことを感じます。その結果、読みっぱなしにできず、言葉をねちねちといじりだす。わからないことをわからないままにほうっておくことができず、百パーセントわからせようと、あの手この手で説明を始める。

私自身が村の一学年一クラス（ただし五六人）の小学校に入ったのは一九四八年春のことですが、一つだけ、皮肉ではなく担任の先生方に感謝しているのは、本をすすめられたことがなかったこと。つまりは、ほうっておかれたことです。それゆえ私も、長じて教壇に立ったとき、本の楽しさは語っても、その先まで踏みこむことには慎重にならざるをえませんでした。

子どものときにはわからなくても、二〇年後、三〇年後に、ふっと深く納得する瞬間が訪れることがある。その喜びの体験を未来の大人から奪わないで、と私はまたお願いしたくなっています。この本が、もうそのままで、十分幼い人たちの心身を満たすもので、すぐれた作品の例にもれず、余分な説明をいっさい拒否しているものだからです。

「むかしむかし、にわとりを　いっぱいかっていた　おひゃくしょうが死んで、のろまなむすこが、たったひとりで　のこされました。」

ああ、物語が動きだすときのこの空気！　私は一気にもう一つの世界に引きこまれていきました。余分な飾りのいっさいない簡潔（かんけつ）な文章。それに舞台装置。言いかえれば本づくりのみごとなこと！

このテキスト自体は『かぎのすきな王さま』（一九七九年）に収められていた一話とのことですが、故人となった作家の文章、その語りの力に応えて、こんなにもみごとな一冊の絵物語の本に仕上げてくださった絵描きさんと編集氏に拍手を贈りたくなりました。

ひとりで読むもよし。読みきかせてもらうもよし。ためになるかどうかなど、気づいたら大人も忘れていた。そんな一冊であること、まちがいありますまい。

『にわとり城』
松野正子／作　大社玲子／絵
こぐま社 2016年 1200円（税別）
ISBN 978-4772190626

生きて生きて、たのしむんだ！

「こんなにうまくいくはずがない。」大人はすぐに言います。子どもも、つられて同じことを言うかもしれません。「だいたい、一から十まで子どもの望みをかなえてやっていいのか。」大人は眉をひそめます。「少しは我慢も教えなくては。」

四〇数年前、初めてこの絵本を手にしたとき、私もこう考える大人でした。だって、人間のハンターに母さんを撃ち殺されたぞうのババールは、逃げて逃げて二、三日後には、絵から察するところ、パリのど真ん中。そこで大金持ちのおばあさんと出会って財布をもらい、すぐさまデパートへ。初めてのエレベーターがおもしろく、一〇回も上り下りしたあげくに、紳士服売場に直行して心ゆくまで買い物して身を整え、それからおばあさんの家へ。そこの子どもになって、車は買ってもらうわ、個人教授は付けてもらうわ――だったのですが、いとこたちのいる森に帰りたくなって……。

と、二年後、なんとそのいとこたちがババールを追ってパリへ。彼女たちもババールの歓迎を受けて大喜びしたのですが、そこへ心配したふたりの母さんたちがやってきて大目玉をくらい、そのあとババールも一緒にみんなで森へ帰ることになります。さて森へ帰ったババールを待っていたのは？　いえ、あとは申しますまい。

私は、幸せが続くと不安になる子どもでした。いつまでも続くはずがないと思い、終止符が打たれるのをおそれるあまり、みずから打ちたいとさえ思ってしまう子どもでした。そんな私に――そのときはすでに三〇代に入っていましたが――、今ある幸せをおそれず享受しなさい、していいんだよ、と語りかけてくれた一冊が、この絵本でした。

後にこの絵本が、子をもつ母親と、病のため死を予感した父親との合作だと知ったとき、ここには子どもをたのしませたい思いと共に、励ましと祈りが込められていたのだと気づかされました。

心配のあまり、親が無茶をした子どもたちを叱る一場面はあるものの、親を殺された主人公が逃げて逃げて逃げた先で見出したのは、その子の存在の全面的肯定であり、祝福でした。世事に長けた大人の陳腐な説教は、どこにも見当たりません。

大人が選ぶ「ためになる本」には最も入りにくい本の一冊かもしれませんが、学校の図書室に、できれば教室にも、と願わずにはいられません。

『ぞうのババール――こどものころのおはなし』
ジャン・ド・ブリュノフ／作
やがわすみこ／訳
評論社 1974年 1400円（税別）
ISBN 978-4566000001

気ままってステキ――世界一つよい女の子の話

久しぶりにスウェーデンの友人夫妻から電話が入って、二十数年前のエーゲ海での出会いを思い出しました。

その日、船上で同じ昼食のテーブルを囲んだのは、お互い見知らぬ四組の夫婦。ただ黙々と口を動かす人たちに、私たち夫婦は自己紹介を提案。うち一組がスウェーデンからのご夫婦で、カールソンと名乗られました。

ところが、スウェーデン関係の話題の持ち合わせがこちらにはほとんどなく、唯一思いついたのが、アストリッド・リンドグレーンのこと。この国民的作家なら大丈夫と踏んで、私は思いきって返したものです。「では『やねの上のカールソン』さんなのですね。」

「いや。私は地下室のカールソンでして。」恰幅のよい夫君が、はにかみながらもにっこりと答えてくれました。

このときから私たちの付き合いは始まりました。彼は工芸家で、その工房は自宅の半地下にあったのです。

いや、前置きが長くなりました。初めてリンドグレーンを知ったのは半世紀も前のこと。一九六四年暮れに彼女の代表作『長くつ下のピッピ』に出会って以来、この作品を知らずに大きくなるなんて損も損も大損と、私はずっと思ってきました。

ピッピは九歳の赤毛の女の子。スウェーデンの小さな町のはずれの古い家に、サルと暮らしています。両親なし。「まあ、孤児（こじ）なの？」などと眉をひそめないでください。一回も孤児に憧（あこが）れたことのない子どもがどこにいるでしょう。それにピッピは金貨をどっさり持っています。隣には、いざというときには面倒をみてくれる夫婦がいて、気立てのいい子どもも二人います。

さらに、いえ、これこそ一番にお話しすべきでしたが、ピッピは馬一頭ひょいと持ち上げてしまうほどの力持ち。そして服も靴も靴下も、好きなように身につけています。だって、うるさく言う人はいないのですから。

さあ、このピッピがどんなことをしでかすか。一人でも多くの子どもたちが、このおてんばなピッピと出会ってくれますように。

『長くつ下のピッピ』
アストリッド・リンドグレーン／作
大塚勇三／訳
岩波書店 2000年 680円（税別）
ISBN 978-4001140149

「この子のため」がみんなにつながる

一冊の絵本に大の大人がこんなにわくわくどきどきし、ああ、よかったと、心底嬉しくなってしまうとは！　初めてこの絵本と出会ったときのこの驚きが、三七年経っても少しも減じていないことに、私は今、深い喜びを覚えています。

私はそのとき四一歳。それから七八歳の今日まで、何度本棚から引っぱり出して読んだことか。そう、たいていはその場に立ったまま。そして幸せになって、そっと棚に戻すのです。

もちろん、わが家にやってくる小さなお客さんたちとも楽しみました。短大の教室にも持っていきました。学生たちはたちまちこの世界にのみこまれ、終わるとほっと嬉しそうな顔をして、こちらの世界に戻ってくるのでした。

物語は、ふだんの暮らしの中で何気なく始まります。主人公の女の子、メリーあてに、大好きなおばさんから手紙が来たのです。泊まりがけで遊びにいらっしゃいと。

メリーはもちろん自分で返事を書き、すぐさま支度にとりかかります。ところが、あんまりわくわくして、あれもこれもとトランクに詰めているうちに、トランクはいっぱいになるわ、時間はなくなるわで、気がつくと、いちばん大事な誰かさんを置き忘れて、汽車に乗ってしまいます。さあ、その誰かさんはどうしたか？　それは読んでのお楽しみに。

作者のウィリアム・ニコルソンは、イギリスの誇る三大絵本作家の一人。でも、正式には一九二六年出版となっているこの本は、もともとは作家としてではなく、一人の父親として、愛(まな)娘(むすめ)メリーのためにつくった本だと言われています。というわけで、描かれている人形も、笛も靴もブラシも、みんなメリーの物とのこと。実際にはありもしない子ども、一般にではなく、生きた一人の子どもを喜ばせようとして仕事をするとき、生まれてくる作品はこんなふうに普遍へとつながっていくのだと、私はこの絵本を開くたびに思います。

絵本のカバーに記された文によれば、本書の二章でふれたアメリカの絵本作家モーリス・センダックも、「だれか知っている子どもに本を贈るとすれば、自分はこの本を選ぶ。」と語った由(よし)。大きくうなずいてしまいます。スピード感あふれる訳文にも脱帽(だつぼう)！　登場人物たちの鼓動(こどう)まで伝わってきて、だから最後、ほんとに嬉しくなってしまうのです。

『かしこいビル』
ウィリアム・ニコルソン／著
まつおかきょうこ・よしだしんいち／訳
ペンギン社 1982年 1000円（税別）
ISBN 978-4892740213

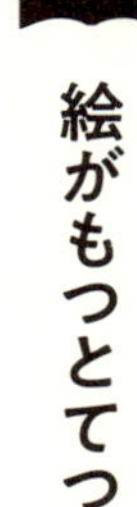

絵がもつとてつもない力

人の表情であれ、言葉であれ、読み解くことの、時になんとむずかしいことか。それは文学作品や絵本も同じで、あっ、ここを見落としていたとか、ここにちゃんとヒントがあったのにとか、自分の粗雑な見方、読み方に愕然とすること、たびたびです。

そしてこれは初めてのことですが、私は、この絵本を図書室の書架に置く場合のことを考えはじめました。カバーも帯もかけたまま置くか、帯だけ外して置くか、それとも帯もカバーも外し、本体の表紙を見せて置くか。この絵本は三つの選択肢を差しだしてよこすのです。

私自身はといえば、タイトルを読み、次に帯の言葉を読んで、くすりと笑ってしまいました。かつて全国の小学校の先生方がいっせいに金子みすゞの詩の言葉「みんなちがって、みんないい」を唱えだしたとき、私は（これって、ブラック・ユーモア？）と苦笑したのですが、この本の帯にはあの言葉をもじってか、「みんなちがって　みんなたいへん！」とあるのです。とはいうものの、この帯、あとはきわめて親切です。裏表紙の側には、絵本の伝えようとするメッセージが明解に書かれているのですから。しかもやさしく、あたたかな言葉で。

ならば、扉を開けて入っていく世界も、ほんわかとして、あたたかい？　さあ、それはどうでしょう。

主人公は、自分は何の取りえもない、ふつうの子、と考えている男の子で、だから、さいはいいなあ、うさぎはいいなあと、うらやんでばかりいます。でも、誰にもそれなりの苦労はある。このテーマ、格別目新しいものとは言えないかもしれません。

でも、私はこの絵本に惹かれました。「とんでもない」から始まるくり返しの文章もいいけれど、絵がすばらしいのです。シュールな絵はちょっと悲しく、ちょっと怖く、いたずら心いっぱいで、文章に光と同時に影を与え、肉づけし、一度や二度では読みきれない世界を、本という物の中に創りだしている。

でも、もしかしたら、とここまで書いて思いはじめました。こういう絵本は、文字文化に侵されていない子どもたちのほうが、図（はか）らずしてよき読み手になっているかもしれないと。

「そんなこと、とうに気づいているよ。」とみなさんはおっしゃるかもしれませんが……。

『とんでもない』
鈴木のりたけ／作・絵
アリス館 2016年 1500円（税別）
ISBN 978-4752007302

意味から自由な本も

幼い人たちが、意味がわからなくても言葉の音韻（おんいん）だけを楽しんだり、いえいえ言葉以前の音だけを楽しむのがとても上手なことは、誰もが認めるところかと思います。それに日本語はオノマトペがとても豊かなので――一方英語は、オノマトペなしで十分なほどに動詞が豊かなのですが――小さい人たちは、周りの大人たちが口にしてみせるオノマトペを聞くだけで、大喜びしたりします。

でも、ジャズ・ピアニストがかな文字で音を並べたこの『もけら　もけら』は、定型化されたオノマトペの本ではありません。広くはそう呼んでいいのかもしれませんが、ここに印されている文字が読み手に求める音は、生まれたてで、まだ定型化にまで至ってはいないので――いつか至るかもしれないし、どこまでも定型化を拒（こば）みつづけるかもしれませんが。私自身は後者の道をたどるだろうと思っています――この絵本を声に出して読もうとすると、一人ひとりがその人だけの読み方を求められます。そこが怖くて、おもしろい。

もちろん絵があるから、その絵に助けられるかもしれませんが、モダンアートの世界を自由に飛びはねている元永定正の絵もまた定型化を拒んで、読み手にすべてを投げてよこそうとします。

こういう絵本を前にしたら、もう、どうしていいかわからない。そういう人が出てくるのは当然といえば当然で、実は私もこの本に出会って二〇年近く、あれやこれや試してみましたが、いまだにこの絵本を開くたび、とまどいつづけています。すべては読み手にゆだねられる。これは大変だけれど楽しく、楽しいけれど大変です。

というわけで、ひところはあちこちに、この絵本を試みる大人たちのカフェができたと聞きましたが、今はどうなっていますか……。私がこれまでに出会ったこの絵本の一番の読み手は、子どもの本の作家でいらした、今は亡き長谷川摂子さんでした。

私の勤務先の短大の授業にお越しいただいたある日、長谷川さんは百名ほどの学生に、この『もけらもけら』を読んでくださったのですが、大教室のいちばん後ろの席で聞かせていただいた私は、まさに鳥肌が立つのを覚えたものです。

こちらがどれだけ自分の心身を解放できるか、それが問われているのかもしれません。

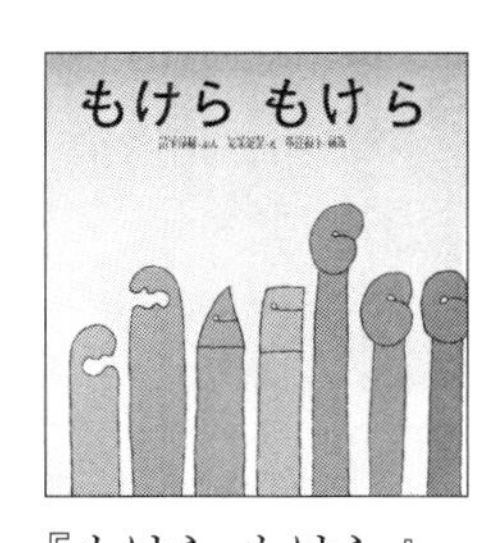

『もけら もけら』
山下洋輔／文　元永定正／絵
福音館書店 1990年 1200円（税別）
ISBN 978-4834004021

毒も薬も、恐怖も安らぎも——ことばのもつ力

先に挙げた『もけら もけら』は、意味を付さず音韻だけで何ができるかの実験のような楽しさがあったけれど——だから、これはことばあそびとは言えないかもしれません——一方、ことばそのもの、つまり音韻と意味の結合をまるごと思いきり楽しむとしたら、どんな可能性があるか。それをみごとな挿絵と共に私たちの前に展開してみせてくれたのが、一九七三年に福音館書店から刊行された『ことばあそびうた』でした。

『もけら もけら』と同じく、この本もまた、読者を小さい子どもたちに限定したものではなかったでしょう。絵本の体裁をとってはいますが、体裁は体裁。子どもから大人まで、それぞれに十分楽しめること、まちがいなしと思います。ただし、この本は決して黙読ではなく、声に出して読むこと。文章のリズムに身をまかせること。でも、たぶん、字数の少ない『もけら もけら』より、はるかに読みやすいこと、まちがいありますまい。

わらべうたを含む日本語の伝統的な七五調などのリズムに乗って書かれていますから、最初は多少つっかえても、誰もがじきに、はずむように楽しく読むことができるようになるでしょうし、その気になれば、暗誦してしまうこともむずかしくはないでしょう。既成の活字ではなく、絵を担当した瀬川康男のかな文字も、それを助けてくれること、まちがいありません。

ただし、この絵本に、ほんわかと人を包みこむ、あたたかく、やさしい詩を期待したら、それはお門ちがいというもの。作者は冒頭、玄関口にもあたるところでは、「ののはな」という詩で、明るく、おだやかに読者を迎え入れてくれますが、二篇目からはオブラートをはがして、毒も薬もふりまきながら、わらべ唄を模した詩の世界を縦横に展開していきます。これがまた実に実に楽しいのです。甘いだけではつまらない。塩も胡椒もなくては、というところでしょうか。この効き方がまた実にいい。

そして最後の「かぞえうた」はお経のようでもあって……。このうたを受けた瀬川康男の絵の前に、読者はしばし立ち止まり、心をしずめるも自由。が、そのままではこの絵本、終わりません。次をめくると、そこには……。そうです。そうこなくては！　私は何度目か読んだとき、小さくつぶやいて、思わずひとり笑ってしまったものでした。

子どもから大人まで、百人いたら百様の読みをそれぞれに楽しめる本と言いきれるかと思います。

『ことばあそびうた』
谷川俊太郎／詩　瀬川康男／絵
福音館書店 1973年 1000円（税別）
ISBN 978-4834004014

5

子どもが〝他者〟と出会うとき

八〇代を目の前にして、このごろ私はよく、自分が子どものときに出会った、両親を含む大人たちのことを思い出します。いえ、もっと端的(たんてき)に言えば、自分が会った「他者」と言ってもいい。もちろん幼いとき、親は他者とは意識されません。きょうだいもまた。親やきょうだいが「他者」として意識されるのは何歳ぐらいなのでしょうか。

おっと、こういう議論はほかのときに。このごろ、いよいよもって気になってきているのは、今、子どもたちは、どうやって〝他者〟と出会っているのか、どうやって〝他者〟を知っていくのか、ということです。

もちろん、この問いはいつも真っ先に自分自身に向かいつづけました。そして、これまたいつも記憶によみがえってくるのは、時間的にはごく短いあいだに起こった二つのできごとでした。

❖

一九四六年春、四歳一〇カ月の私は両親に連れられ、二歳の妹を含むきょうだい四人と雪どけを待って、北朝鮮は元山(ウォンサン)に近い小さな町の日本人抑留(よくりゅう)者住宅を脱出。グループは妊婦(にんぷ)を含む子ども連れの家族に、幾組か老人世帯が加わった総勢一〇家族あまり。六〇人ほどだったといいます。敗戦時、駅長をしていた父はグループの世話役の一人だったとか。

よみがえってくる記憶の一つは、現地の人に案内を頼んで、いよいよこれから夜の闇にまぎれて三八度線を越えようという晩のこと。いま一つは、最大の難関を無事突破したその翌朝、ほっとして、三八度線最後の川を渡ろうとしていたときのことでした。もちろん、今このように記せるのは、これから記す私の記憶を含め、それらがいつのことだったかを、当時一緒にいた姉や兄にたずねて確かめえたからのことです。両親には？　二人の生前にはこちらが若すぎて問えず、問おうとしたときには、もはや遅すぎました。

さて、記憶の最初の場面では、私は大人たちの集団の中に、父母きょうだいに守られるようにして立ち、暗がりに聞こえるおじさんの話に耳をすませていました。妹は母の背にくくられていました。

と、ふいにおじさんの声が、はっきりと耳に飛びこんできたのです。

「子どもは泣かせないように。もし泣きだしたら、口にハンカチを詰めてでも、声を消すこと。」

幼い私にも、それがどういうことを意味しているかがわかりました。（泣いてはいけない。泣いたら……）殺される、とまで、はっきりと言葉で意識したかどうか、それは定かではありません。でも、七八歳になった今も、あの瞬間、その言葉の意味するところを瞬時にとらえたことはよく憶えています。

それから何時間かが経って、私は明るい朝の光の中、流れを渡ろうとしていました。水は浅く、でも、ゴムシン（ゴム靴）をはき、小さなリュックを背負った私は、父母、きょうだいの脚に遅れまいと必死でした。と、突然、後ろから大きなごつい手が両脇にのびてきて、私を抱き上げてくれたのです。朝鮮人のおじさんでした。

のちに、あれは案内人のおじさんと同じ人だったかもしれないと時々思うようになりましたが、居合わせたはずのきょうだいの誰に聞いても、わからないまま、今日に至っています。でも、みんなに遅れをとるまいと懸命に流れを渡っていたときに抱き上げてもらったこの体験、あのあたたかく、ごつい手の感触は、その後、今日に至るまで、この日本人社会を生きていくときの私の大切な道しるべの一つになりました。まわりの大人たちの「朝鮮人」の悪口を耳にするたびに、私は口には出さずとも、ちがう、ちがう、と思いつづけてくることができたのです。

❖

もっとも、こんな体験など誰にもあって、わざわざ言挙(ことあ)げするほどのものではないという気もします。それでも、あえて記したのは、人を知る、あるいは他者を知る、ということの中身が、次第次第に曖昧になってきているのではないか。というより、たいへんな幅をもつようになって、しばしば互いがかみ合わなくなってきつつあるのではないか、との危惧をこのごろ持つようになってきているからです。もちろんこれは昔からあったことかもしれませんし、むしろ基準の線を引くことのほうがずっと危険かもしれないとも思うのですが。

それでも、互いの生の声も聞かず、その身体にも触れず、ＳＮＳの世界で互いをわかり合ったと信じ、それ以上を求めず、充足しているかに見える、一〇代の人々を含む今や広い世代の人々を身近にも見、接するとき、生の人間と接するのは時にうっとうしいとしても、たとえば本だって他者と出会ういい機会を私たちに提供してくれるのに、と思うのです。自分と自分に近いものだけで充足していく、それだけで人生を終えるなんて寂しいし、第一もったいないと考えるのは、いらぬお節介でしょうか。

小四のとき、私は『クリスマス・キャロル』でスクルージに会い、そのあまりのけちぶりに目をまわし、村のおじさんのけちぶりなんて小さい小さい、と思ったものでした。

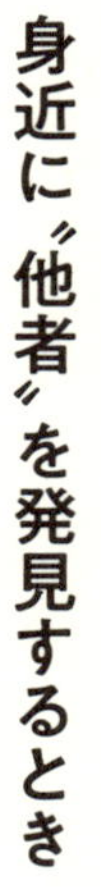

身近に〝他者〟を発見するとき

ディケンズの『クリスマス・キャロル』と出会ったことで、私の中では人間のけちぶりのものさしがぐんとのび、以後、少々のけちは笑って楽しめるようになりました。文学作品に登場する人物は、しばしば私たちのそれまでもっていたものさしを無にしたり、その目盛の幅を大きくひろげてくれたりします。

フィリパ・ピアスは昨今『トムは真夜中の庭で』の作者としてしか人々の口にのぼらなくなりつつある作家ですが、私はむしろ、ごく初期のこの作品よりも、その後に続いた作品にこそ彼女は本領を発揮したと見ており、『トム……』で止まってしまっている人々の多さを残念に思っています。（この辺のことは拙著『あいまいさを引きうけて』〈かもがわ出版〉でも語っていますので、お読みいただけましたら幸いです。）

ピアスの作品の特徴の一つとして挙がるのは、何であれ、極端な人は出てこないということでしょうか。英雄も出てこなければ、何かに秀でた才能をもった子どもも登場しない。普通の人々、書かれて初めて、そういえば、とその存在に気づかされる人々しか出てきません。でも、そういう人々が「他者」として立ちあらわれてくるとき、それまで平板に見えた世界は立体的になり、私たちは何もないと見ていた世界を、そこに暮らす人々を、徐々に発見していくのではないでしょうか。たとえば『ペットねずみ大さわぎ』の少年が、義父の存在に気づくように。

私たち読者の前に、この男、ビルは、家庭内にまだ位置の定まらない男として登場します。夫を病でなくした三人の子持ちの女性と結婚したものの、妻の中に亡夫（ぼうふ）はまだ存在し、いちばん上の男の子の中にも父はまだ生きています。真ん中の女の子は微妙なところ。幼い末の子には、すでにお父さんなのですが……。

ビルは、だから読者の目には、しっかり者の妻にいまだ遠慮がちな、気弱（きよわ）な男性と映ります。経済力だって、さして持っているわけではない。こういう男性は（もちろん女性も）、気がつけば日本の私たちのまわりにも普通にいます。誰からも注目されず。

でも、ピアスはこの男性に、黙ってそっと光を当てました。気づくべき、尊敬すべき大事な他者として。私は少年と共にそれを受けとめた。ただそれだけのことではあるのですが……。

『ペットねずみ大さわぎ』
フィリパ・ピアス／作　高杉一郎／訳
岩波書店 1984年 1500円（税込）
ISBN 978-4001109856

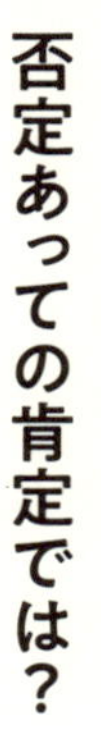

否定あっての肯定では？

久しぶりにケストナーの『点子ちゃんとアントン』を読みなおしました。〝秋葉原事件〟の加藤智大（ともひろ）の手記『解』（批評社）に衝撃を受け、メディアを賑わす「いじめ」関係の報道に、事の本質に届いていないのではないかと歯がゆさを覚えつづけていた私は、この作品の放つ健康な精神の香りに全身を洗われる思いがしました。

そうです。私は第二次大戦前に発表されたこの作品が、今ではめったに子どもの文学にも見出すことのできなくなった、ある健康さをもっていることに気づいたのです。

私は何をもって、健康だと感じたのでしょう。一つ考えられることは、黒白がはっきりしていること。作者の善悪の基準がはっきりしており、おそらくはそれゆえに、作品に描かれる社会と、そこに暮らす人間たちの輪郭（りんかく）がくっきりと浮かびあがってくることです。

たとえばケストナーは、各章の終わりに記す「立ち止まって考えたこと」の「その12」で、門番の息子のことを「ろくでなし」と決めつけ、「こういう、人間の顔をした動物にもおとるやつは、子どもの中にもいる」と言い放って、ろくでなしの特徴を挙げていきます。

今日、粗っぽい活劇（かつげき）ならいざ知らず、文学と名のつく作品の中で、作者がこんなふうにスパッと登場人物を切って捨てることは、まずありません。

私たちは、人を切ることに慎重になりました。善悪に線を引くことに憶病(おくびょう)になりました。それは一つの進化ではありましょう。けれど、そのために世界がぼんやりとして、見えにくくなったことは否めません。

短大に在職中、一人の学生がレポートの最後にこんな言葉を記してくれていました。

「先生は何を愛するかと同時に何を嫌悪するかもはっきりと語ってくれた。何を愛するかを語ってくれる人はいるけれど、何を嫌悪するかを語ってくれた大人は先生がはじめてだった。」

無自覚に、ただ思うことを語ってきた私は、学生の言葉にはっとし、やがて若い人たちの生きにくさの原因の一つが、「否定」に出会えないでいることだと気づかされました。私たちは、必要な黒白もつけなければ、善悪の判断さえ棚上げして子どもたちに伝えないまま、この何十年を生きてきてしまったのかもしれません。

『点子ちゃんとアントン』
エーリヒ・ケストナー／作
池田香代子／訳
岩波書店 2000年 640円（税別）
ISBN 978-4001140606

母さんだって、一人の女性

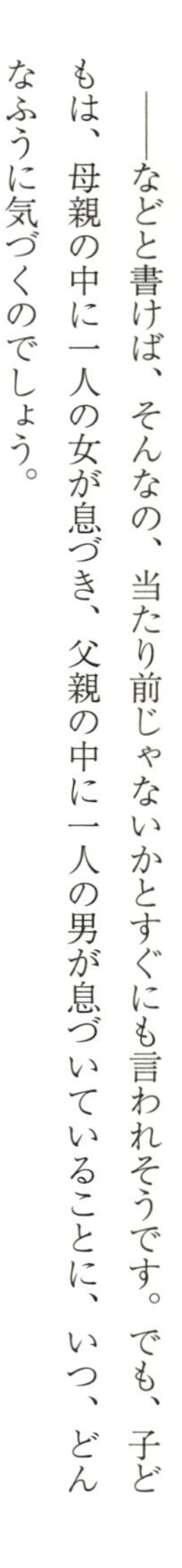

——などと書けば、そんなの、当たり前じゃないかとすぐにも言われそうです。でも、子どもは、母親の中に一人の女が息づき、父親の中に一人の男が息づいていることに、いつ、どんなふうに気づくのでしょう。

もちろん社会には、生物学的には男性に区分される人が「妻」となり、同性とペアを組んで、母親の役割まで果たしつつ、豊かな子育てをしているケースも——あるいはその逆の場合も——あるにちがいありません。映画『チョコレートドーナツ』のステキなカップルのように。

さて、そのうえで、拙訳本にもかかわらず、ここに『めざめれば魔女』をなぜ、あえてとりあげたか。それは、一四歳の主人公ローラが少女から娘へと脱皮、変身していく成長の、ある意味きわめて困難で、つまずきの多いひと節と、ローラのボーイフレンド、ソリーの成長、脱皮をからませながらの物語展開の途中に、作者が誰にとっても大事な性の問題を、実にさわやか、かつ真面目に、けれど気負いなく書きこんでくれていることに、読むたび脱帽を禁じえないでいるからです。いえ、嬉しくさえなってしまうと言っていい。

その朝ローラは初めてソリーと一晩を過ごして、父親との離婚後ひとりで自分と弟を育ててきてくれた母親が心配して待つであろう自宅に、さりげないふうを装って帰ってきます。ところがそこで彼女が知ったのは、自分の留守中、母親もまた恋人と一夜を過ごしたという事実でした。こうなったら予測されるのは？　ここで試されるのは読者のほうかもしれません。とりわけ大人たちの。セックスをどこまで真面目に考えてきたか。

ローラの母親は気負わず率直に、自分にとって恋人とのセックスがどういう意味をもっているのかを一四歳の娘に語ります。悪びれず、その気持ちまで。こういう大人に思春期に出会えたら、子どもたちもまた、どんなに心身ともに健康でいられることでしょう。

この日本の社会では、大人たちは子どもたちに向かい合うとき、健康ではなく健全という言葉を好んで使います。作者マーヒーはそのわなにはまることなく、ソールマザー（sole mother）*をしっかと生ききった人でした。

＊　ニュージーランドではsingle motherと言わずsole motherと言い、マーヒーの死亡記事の中でもそうなっていました。

『めざめれば魔女』
マーガレット・マーヒー／著
清水真砂子／訳
岩波書店 2013年 800円（税別）
ISBN 978-4001146097

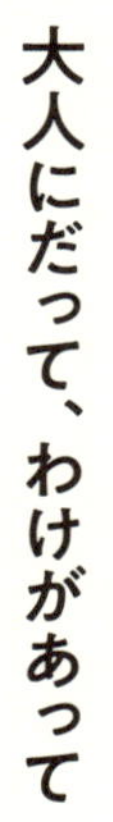

大人にだって、わけがあって

『愛について』？　一九七三年夏、書店で初めてこの表題を見たとき、私は哲学の本かと思いました。三五〇ページの分厚い本。でも、それが児童図書のコーナーに。

生まれはソ連。自由のない、なんとなく怖い国、というイメージが当時私の中にもあって、個よりも集団に重きが置かれる社会から、本当に文学は生まれるのだろうか、との疑いを消し去ることができずにいました。

ところが読みはじめるや、私は自分が偏見のかたまりになっていたことを思い知らされて深く恥じ、一〇代の性を描くその筆のタッチのみずみずしさに目を見はり、ここに登場する大人たちの精神の豊かさ、その成熟ぶりにただただ心打たれて、読みおえたときには、この本は生涯手元に置く本の一冊になるとの確信をもつまでになっていました。

私にとっての宝物と言うべき子どもの本一三冊をとりあげてその魅力を書いた『そして、ねずみ女房は星を見た』（テン・ブックス）をお読みくださった方には、本書のほかの幾冊かの本同様重ねての登場となりますが、それでもあえて今一度この本をとりあげるのは、子どもの本の読みきかせボランティア活動が盛んな中にあって、作品世界とひとりで向き合う読みが次第に隅に追いやられていくのに危惧を覚えはじめているからでもあります。

この物語の主人公は、思春期を迎え、性に目覚めはじめた少年。そこに両親の離婚が降って湧いて、彼は混乱の渦に巻き込まれます。

が、よくあるこの類の話とちがうところは、主人公を被害者あつかいしていないところかもしれません。親には親の必然があり、だからでしょう、作者は夫（つまり少年の父親）以外の男性を愛しはじめてしまった少年の母親も、悪者あつかいするどころか、成熟した実に知的で魅力的な女性として描いていますし、父親も厚みのある、物静かな思慮深い男性として描いています。それでも結婚は破綻せざるをえないときがある。

この理不尽を子どもはどう乗りきるか。そこに作者が用意してくれたのは、第三者。少年の父親と志を同じくして困難な時代を生きのびてきた友人夫婦でした。

そんな面倒くさい話は苦手という方は、せめて物語が始まって間もない「エルミタージュ美術館」の章だけでものぞいてくださることを。

愛について
ワジム・フロロフ作
木村浩 新田道雄訳

『愛について』
ワジム・フロロフ／作
木村浩・新田道雄／訳
岩波書店 1973年
ISBN 978-4001106725

大人と社会の発見

『ゲド戦記』を書いたU・K・ル＝グウィンは、「(一〇代の頃) わたしが知りたかったのは、大人であるというのはどういうことかということ」だったと語り、小説を読むことで、それを内面から知る機会が与えられた、と書いています＊。彼女は続けて言います。一〇代の頃「わたしはうんと背伸びをしました」と。

ああ、ほんとにそうだった。私もあの頃、大人であるとはどういうことかを知りたかった、と思いました。自分自身のことより、まわりの大人が、そして社会のしくみもまた気になりだしていました。

社会の動きをふまえながら、複雑でなおかつ魅力的な大人の書ける児童文学作家として、日本には岩瀬成子(じょうこ)がいますが、数年前にその作品に出会って以来、書き手はどんな人？ といつも気になっているスペイン生まれの本があります。それがこの『フォスターさんの郵便配達』。作者は、中学校で哲学を教えながら、主として一〇代向けの作品を書きつづけてきた、一九五四年生まれの人。

作品の舞台は、一九六〇年代のスペインの海辺の村。母親を二年前になくし、漁師(りょうし)の父と暮らす主人公の少年は、勉強ぎらいで学校もよくさぼるのですが、村でただ一人のイギリス人、フォスターさんのもとに折々郵便局から頼まれて郵便物を届けながら、フォスターさんをはじめ、まわりの大人たちを発見していきます。

発見は、もちろんその大人たちの生きてきた歴史ぬきにはありえないことで、少年はやがて、村はずれの小屋にひっそりと暮らす、読み書きさえできないと思われていた皮なめし職人が、スペイン市民戦争における人民戦線派の重要な人物であり、フランコ軍事政権下の六〇年代の今もまだ治安警察に追われている男だったと知っていきます。同時に、フォスターさんの正体、皮なめし職人との関係も。

近現代の歴史にしかと向かい合い、現在を生きる若者に、文学をとおして、その現在の成り立ちをも伝えていこうとする作家がいること、そしてその作品が高く評価されているという今日のスペインとその未来に、私は一条の明るい光を見る思いがしています。

＊『いまファンタジーにできること』河出書房新社。

『フォスターさんの郵便配達』
エリアセル・カンシーノ／作
宇野和美／訳
偕成社 2010年 1400円（税別）
ISBN 978-4037445904

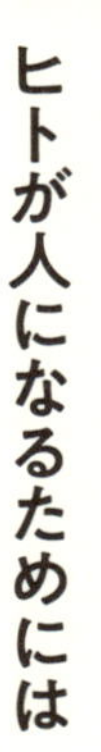

ヒトが人になるためには

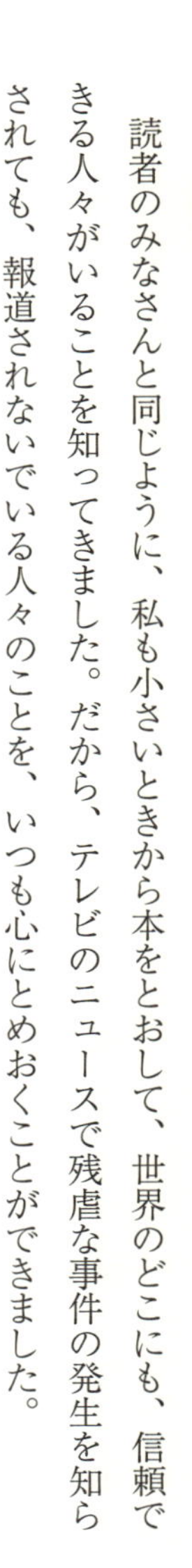

読者のみなさんと同じように、私も小さいときから本をとおして、世界のどこにも、信頼できる人々がいることを知ってきました。だから、テレビのニュースで残虐な事件の発生を知らされても、報道されないでいる人々のことを、いつも心にとめおくことができました。

たとえば、シリアと聞き、ダマスカスと聞くと、私は決まってサリームじいさんのことを思い出します。会ったことはありません。写真を見たことも、その声を聞いたこともありません。でも、私にはわかるのです。この人がどんなに信頼できる、人間の中の人間であるかが。

私はこのサリームじいさんに、ダマスカス出身の作家シャミの自伝的作品『片手いっぱいの星』の中で出会いました。この作品は、ダマスカスに暮らす少年のほぼ三年半にわたる日記という形をとっています。

時代は一九六〇年代初め。日記を書きだしたとき、少年は一四歳間近。「残念だよ、わしは字が書けんでな」というサリームじいさんの言葉から、日記は始まります。少年はこの日、書きとめておくことができないために記憶の数々が消えていく嘆き（なげ）をこの老人から聞き、初めて日記を書くことを思い立ったのです。このとき、生涯一御者（ぎょしゃ）として生きてきたサリームじいさんは七五歳。たくさんの物語を内に蓄えたこの知恵者は、物事の本質を見抜く目と、他者をあたたかく受容する深いふところの持ち主で、町の人々の尊敬を集めてきており、少年もまた七歳のときからサリームじいさんを友とも師とも仰いでいます。

もちろん、サリームじいさんのほかにも、少年には信頼できる同い年の友人がいます。紙と鉛筆だけで国家権力に立ち向かう、サリームじいさんが勇気ある人間と称える新聞記者がいます。アッシジの聖フランシスかと思わせるスズメを連れた〝変人〟がいます。パン屋をしている頑固な父親も、私はいいなと思います。商人とみごとなかけひきをする母親も。

この本からは、古都ダマスカスの街の喧騒やにおいまで伝わってきて、それだけでも読む甲斐はあるというものです。

でも、何にもまして読むたびにこの本が問いかけてくるもの。それは、何があったらヒトは人になれるのか、ということです。

今、日本の子どもたちは、日々どんな大人と出会い、どんな言葉をその耳にしているのでしょうか。

『片手いっぱいの星』
ラフィク・シャミ／作　若林ひとみ／訳
岩波書店 1988年 1900円（税別）
ISBN 978-4001105049

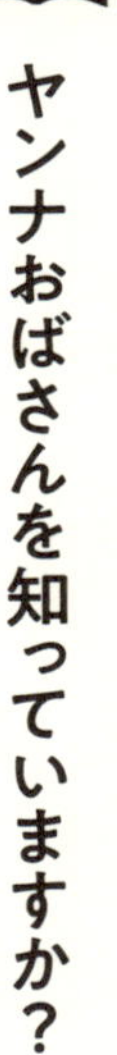

ヤンナおばさんを知っていますか？

そんなこと、突然きかれたって。そうです。私もたまたま知っただけのこと。でも、出会って一二年、ヤンナおばさんは私にとって今も大事な、言ってみれば、立ち位置を教えてくれる北極星のような人でいつづけてくれています。

出会ったのは二〇〇六年八月六日。仕事で九州に向かう新幹線「さくら」の中でした。（なぜ日まで憶えているのかって？「さくら」が広島に停車したとき、はっと気づいたのです。その日が八月六日であったことに。）私はわが家の書棚にやってきて六年、なんとなく気になりながら、その分厚さもあって手をのばしかねていた本を、長旅のときにこそと荷物に入れて、家を出たのでした。それが『第八森の子どもたち』です。

物語の舞台は、オランダ東部のドイツ国境に近い村。村の少し南には、第二次大戦末期、連合軍とドイツ軍の一週間にわたる熾烈な戦いで町全体が戦場と化したアルネムがあって、このアルネムの戦いはアッテンボローの映画『遠すぎた橋』で知った方がおられるかもしれません。でも作品に描かれているのは、この戦闘そのものではありません。戦闘によって、住む家も食べものも失った父と娘（母親は何年か前すでに亡くなっていました）が、人里離れた森の中の農家に、せめて一晩、干し草の中で眠らせてほしいと立ち寄ったところから物語は始まります。

そして私たち読者も、影のようにこの娘ノーチェのあとについて、物語の世界に入っていき、そこでこの農家のおかみさん、ヤンナおばさんとその家族、そして決して広くはない家にそれでも見かねておばさんが受け入れた母娘、さらには森にひそかにかくまう若いユダヤ人夫婦のことを知っていくのです。

もちろん読者は、森の誰かの存在を感じとる前に、昼間は台所の壁ぎわに置かれたベッドの中でいつもじっとしている、「大きな赤ちゃん」のような女の子の存在に気づくでしょう。ベッドのまわりはいつもおしっこのにおいがしています。これらすべてを引きうけて、おばさんの暮らしは営まれていきます。

でも、ようやく戦争が終わり、同居人たちも出ていったとき、ヤンナおばさんが黙ってしたことは？　ヤンナおばさんは、日々の暮らしの中で、穏やかな忍耐を身につけた人でした。日常を手放さず、人としてなすべきことを黙ってしつづける人でした。

『第八森の子どもたち』
エルス・ペルフロム／作　野坂悦子／訳
福音館書店 2007年 750円（税別）
ISBN 978-4834022780

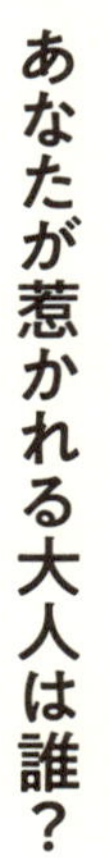

あなたが惹かれる大人は誰?

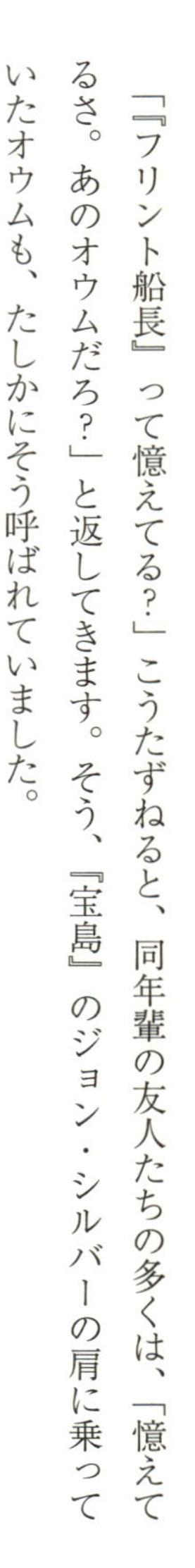

「『フリント船長』って憶えてる?」こうたずねると、同年輩の友人たちの多くは、「憶えてるさ。あのオウムだろ?」と返してきます。そう、『宝島』のジョン・シルバーの肩に乗っていたオウムも、たしかにそう呼ばれていました。

でも、私が三〇代の半ばに出会ってすっかり惚れてしまったのは、オウムではなくて、『ツバメ号とアマゾン号』で出会った、舟を家にして暮らす、もの書きの男。湖で夏の休暇を楽しもうとする子どもたちに、何かというと文句を言い、攻撃的に出てくる太った男です。

この男、アマゾン号の少女たちのおじさんにあたる人と設定されていることは、物語の早い段階で知らされますが、とにかく子どもたちには決して甘い顔なんて見せない。子どもたちに向かって、まるで同年齢の子どものようにふるまって、とても頼れる友軍(ゆうぐん)とは見えません。

ところが、読むほどになぜかこちらは惹かれていくのです。彼は子どもに対して、へんな手加減も配慮もしない。こういう大人の描き方が、日本の子どもの文学には少ないなあ、もっと出てきてもいいのに、と思ううち、私は手元の事典で「フリント船長はランサムの自画像」との説に出会い、ふっと魅力のなぞが解けた気がしたものです。

ついでに、アマゾン号のティティに惹かれる読者には、『アーサー・ランサム自伝』(白水社)

をぜひともお読みになることをおすすめします。

もっとも「ランサム・サーガ」全一二巻に登場する大人で私が惹かれるのは、フリント船長だけではありません。いえ、実を言えば、読み手の私がフリント船長と同じか、時に彼以上に惹かれてきたのは、終始舞台裏か、せいぜい舞台の袖にいて、子どもたちとフリント船長とをそのつど支えながら、しかし決してそれぞれの生活に介入してこない、農場の女たちでした。

日本の子どもの文学に〝よき大人〟として描かれる大人像は、わずかな例外はあれ、フリント船長でもなければ、農場にいる女たちでもない。もっと湿っていて情緒的、つまりは親切。これに子どもたちはやられてしまいます。

この稿を書きながら私は今、ランサムと近しく交わった、イギリスの今は亡き名編集者ジェームズ・マギバンから直に聞いた、ランサムの結婚をめぐる、ちょっと楽しくアイロニックな話を思い出しています。その話はまたどこかで……。

『ツバメ号とアマゾン号』
アーサー・ランサム／著
神宮輝夫／訳
岩波書店 2010年 上下・各760円（税別）
ISBN 978-4001141702
978-4001141719

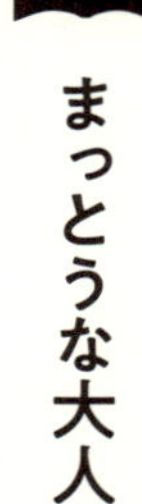

まっとうな大人が共にあれば

もう一〇年以上も前、山村留学のドキュメンタリーをテレビで観ていて、登場した中学生の言葉に痛ましさを覚えたことがあります。「東京に戻りたいけれど、自分の悪い性格をちゃんと直さないかぎり、戻れないんだ」と、その少年は言ったのです。

悪い性格だなんて、と私は思いました。誰がこの少年に、そんな思いこみをさせたの？　だいたい性格って、直そうとして直るものだろうか。親だって先生たちだって、みんな〝困った性格〟を多かれ少なかれ抱えながら、なんとかそれとの共存をはかって暮らしているのに。それをなきものにしようだなんて。

それでも、何か性格というより癖があって、そのために当の本人が困り、まわりも困っているなら、しかも日々の暮らしを少し変えるだけで、何より当人が困った状態から脱け出せて、毎日が楽しくなるなら、それはやってみる価値のあることかもしれません。この『ピッグル・ウィッグルおばさんの農場』のような所があるなら。

そうです。このおばさんと農場でしばらく暮らすと、「問題児」が「問題児」でなくなっていくのです。おばさんが寛容だから問題が問題でなくなるのではありません。農場のごく当たり前の暮らしの中で、大嘘つきで、みんなから嫌われていた男の子は、嘘をつこうなどという衝動から解放されていくし、ペットの世話のいいかげんだった女の子は、いいかげんでなくなるし、何かにつけ「超」のつくほど臆病で甘えんぼうだった女の子は、気がつけば、けがをしたおばさんの世話さえ、てきぱきとできる子どもになっているのです。

おばさんが魔女だから？　いいえ。でも、動物たちが口をきくなんて、魔法じゃないかですって？　日々動物と暮らしている人なら、ここにあるぐらいの会話は交（か）わしているでしょう。

軽やかな、思わずスキップしたくなるような訳文を楽しみながら、私は同時に、子どもたちはなぜ、おばさんといるとまともになっていくのか、考えつづけていました。

今、ほんの少しわかったこと。それは、おばさんが、地に足をつけて暮らすまっとうな大人であるということ。叱るべきときには叱り、褒めるべきときには褒め、要求すべきはしっかり要求する大人だということです。

挿絵は、あのモーリス・センダックです。

『ピッグル・ウィッグルおばさんの農場』
ベティ・マクドナルド／著　モーリス・センダック／イラスト　小宮由／訳
岩波書店 2011年 680円（税別）
ISBN 978-4001142051

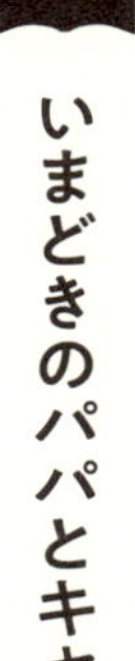

いまどきのパパとキャンプに行けば……

「所有率は中学生五五パーセント、高校生八八パーセント。高校生の一日の平均使用時間は男子が四・三時間、女子は六・四時間になり、一二時間以上も一割いるという。」

これは新聞に紹介されていた、若者がスマホに向かう時間の調査結果です。

この人たちが、たとえば十数年後、人の子の親になったら、どうなるのか。今でさえ、まだ言葉を発しない幼い子どもが、どんなにこっちを向いてと全身で求めても、スマホに夢中で、子どもの求めに応じようとしない親を、街のあちこちでいやというほど見かけるのに。

これは一つの子捨てではないか、と眉をひそめていたところに、一冊の絵本が届きました。

文章を書いたリーサ・モローニは一九八三年生まれで、これがデビュー作とのこと。ちなみに絵を担当したのは、第三章に紹介した『あたしって、しあわせ！』の挿絵を描いた人で、リーサの母親だそうです。これまでほとんどふれることのなかった作者にあえてふれたのは、三〇代に入ったばかりの若い書き手がスマホ世代の父親をどう描いているかをお伝えしたかったからです。

そうです。この絵本はタイトルが示すとおり、スマホをいつも手から放さないパパが、空想の世界にひょいひょい飛びこむ幼い娘を連れて、キャンプに出かける話なのです。

幼い娘の目には、パパはいつもパソコンの前に座って、コーヒーを飲んではスマホでおしゃべりしているつまらないパパとしか見えません。キャンプに行くにも、森には何も売っていないからと、まずはスーパーに行って買いもの。火をおこして料理するなど面倒と、キャンプ場に仕出し弁当を取り寄せる親たちよりは、ましかもしれませんが。いえ、これは実際に私の身近にあった話です。

さて、空想の翼をいっぱいに羽ばたかせ、木の根はヘビに、白樺（しらかば）の木はキリンの群れにと見立てて楽しむ女の子と、木は木にしか見えないパパのずれのおかしいこと！　でも、パソコンにかじりつき、スマホを手放さないパパは、ほんとにつまらない大人になってしまっていたでしょうか。最後をどうかお楽しみに。

私にとってこの絵本は、自分が育った時代のものさしで現在を測る危うさを、そっと教えてくれる一冊にもなりました。

『トーラとパパの夏休み』
リーサ・モローニ／文　エヴァ・エリクソン／絵　菱木晃子／訳
あすなろ書房 2014年 1300円（税別）
ISBN 978-4751527061

6

現在(いま)と昔とこれからと

昨年（二〇一八年）五月のある日、共に七〇代後半に入った私たち夫婦は、暮らしている町から二駅のＪＲ東海道線金谷駅からＳＬに乗り換え、千頭へ。そこからはバスに乗り換えて、寸又峡に向かいました。前回の旅から三〇年近くが経っていました。

蛇行する大井川を右に左に見ながら茶畑の中を次第に新緑の山深く入っていく旅はわくわくと心躍るものでしたが、その寸又峡温泉からさらに奥のバスの終点へと最後まで残っていた私たちをにこやかに迎えてくれたのは、紺の制服姿の女性でした。折り返しのバスの時間まで一時間ある。さて、どう過ごそうかと、あたりの地理をたずねるうち、私は彼女の話す日本語の語尾にほんのわずか、どこか外国語のなまりがあるのに気づきました。

「どちらでお育ちに？」

思いきってたずねた私に、

「ね、わかるでしょ？」

と彼女が教えてくれたのは、なんと中国南部の都市の名前でした。日本に留学して知り合った日本人学生と恋をして、故郷の家族、とりわけおばあさんの「あんなひどいことをする日本人となんて！」との猛反対を押しきって結婚し、以来ずっと峠を越えた先の村に暮らし、仕事場には車で通ってきているとのこと。しっかと地域に根をおろし、はつらつとして幸せそうな様子に、私たちはほっとしたものでした。

日本の「戦争児童文学」には、被害の悲惨は書かれても、加害の実態が書かれることがきわめて少なかったことは、すでに人々の指摘しているところですが、今でこそ観光客で賑わうこの地域も、日本の他の地域と同様、負の歴史もまた抱えていることを、忘れるわけにはいかなかったからです。

❖

一九三〇年代半ばから四〇年代にかけて、この大井川流域には、上流のダム建設とそのための鉄道敷設工事のために、当時日本の植民地支配下にあった朝鮮半島から四千人を超す人々が狩り集められて送りこまれ、奴隷のように働かされ、毎日のように死傷者が出て、それゆえ労働争議もひんぱんに起こっていたと、記録にはあります。

三十数年前のやはり五月、初めて寸又峡を訪ね、山道を歩いていたとき、ふと道の脇の草むらの中に、朝鮮人とおぼしき名前だけが彫られた、苔むした小さな石碑を見つけたことが、本だけで知っていたこの苛酷きわまりない徴用の実態への、遅ればせの関心の始まりとなりました。こんなに近くに暮らしながら、しかも私は北朝鮮に生まれながら、朝鮮半島の人たちへの加害の実態を、身近なこととして受けとめてはいなかったのです。

あの石碑は誰が建てたものだったのか。もう一度と翌日、昔の記憶をたどって探してみましたが、私どもの記憶自体が定かではなく、見つけることはできませんでした。

「金嬉老（キムヒロ）が清水市（当時）で事件を起こしたあと、なぜ寸又峡に入ったのかわからなかったけれど、もしかしたら死んだ同胞（どうほう）への思いがあったのかもしれないなあ。」あきらめて山道を抜けようとしたとき、連れ合いがぽつんとつぶやきました。私たち日本人は、徴用を生きのびた人たちと、戦後どこまで人として丁寧に向かい合ったのでしょうか。

❖

ここまで書いて、ふっと十数年前の秋口、下北（しもきた）半島をめぐる観光バスのガイドさんから聞いた話を思い出しました。シーズン・オフだったせいか、定期観光バスの乗客は私たちと友人夫婦の四人だけ。運転手を入れても全部で六人の大きなバスの中で、私たちの年格好（としかっこう）を見てのことでしょうか、五〇代かと見えるガイドさんが、未完に終わったという大戦末期の海底トンネル掘削（くっさく）工事の話を始めました。そして、おわりに、バスガイドになったばかりの頃、定年間近の運転手さんから聞いた話だけれど、と断（ことわ）って、こんな話をしてくれたのです。

戦争末期、運転手さんがまだ小さい子どもだった頃、運転手さんのおばあさんは、夕方になると前掛（まえか）けに何かをくるんでは、「ついてくるでないぞ。」と言って、どこかに出かけた。ついてくるなと言われれば、よけいにあとをつけたくなるのが人の性。あるとき、とうとう運転手さんは、こっそりあとをつけた。と、おばあさんは浜の舟小屋に入り、出てきたときには、前掛けは空っぽになっていた。

ガイドさんは、ただ「こんな話でした。」と結ぶと、さらりと元の観光ガイドに戻っていきました。何の解釈も説明も加えずに。

こういう人があの時代にも、この日本の片隅にちゃんといてくれた！　そしてそのことをこうして伝えてくれる人も今、また。私は湧きあがる嬉しさをそっとかみしめたものでした。

『お話を運んだ馬』（I・B・シンガー作、工藤幸雄訳、岩波書店）を読んだことがありますか。冒頭の二〇ページだけでもと、今また私は本棚から取り出しました。ああ、またあの言葉に会えます。

あなたのそばにもきっとこんな人たちが

つつましく、地味な絵本と出会いました。華やかな彩りを競う中で見落とされそうな本。表紙の地は茶色。そこに、白いブラウスに黒のジャンパースカートの女の子が二人。女の子たちが、赤や黄色の落葉の上に腹ばいになっていることに、少しほっとします。

内扉を開けると、色とりどりの花で賑わう花壇と、その世話をするおばあさん。それを手伝う孫。おばあさんのスカートの色鮮やかなこと！

「どうしてそんなにきれいないろの、ふくをきてるの？」

聞かれておばあさんは、きれいな色の服を着ることも、好きなだけ髪をのばすことも許されなかった日々のあったことを孫に語ります。

おばあさんは、さらに、部族の母語で、空を飛ぶ鳥にも話しかけます。昔、先生のいないときをねらって、こっそり母語を使いつづけたおかげで、この言葉は生きのびたこと。これを使うと、しっくりと幸せな気持ちになるのだと、おばあさんは孫に話します。

現在、たとえばこの絵本の生まれたカナダはトロントの科学博物館を訪ねると、英語とフランス語のほかにもう一つ、代表的な先住民のものとおぼしき言葉がイヤホーンには用意されていますが、この絵本に出会って、その実現までの先住民の人々の道程（どうてい）と、彼らの思いに応えようとした人々の存在を、あらためて想わずにはいられませんでした。

そういえば、もう二〇年以上も昔、東京のニュージーランド大使館を訪ねたときに頂戴したカレンダーにも、英語とマオリ語が並んで印刷されており、私は日本の言語政策とのちがいを思い知らされたものでした。いま思えば、この裏にも、この絵本に描かれているような人々の、小さなつつましい闘いがあったにちがいありません。自分が自分であろうとする……。

自分が自分でいられる服を身にまといたい。でも、日本でだって、それが許されない日々が、時代がありました。平和と言われる現在（いま）だって同じ。下着の色まで一律に規制しようとする動きは、学校現場に今ひろがりつつあるかに見えます。

でも、大声をあげ、拳（こぶし）を振り上げることはしなくても、この絵本にあるようなつつましい、ひそやかな抵抗があって、人々は自分という人間を、大事な仲間を、なんとか見捨てないでこられたのかもしれません。

『わたしたちだけのときは』
デイヴィッド・アレキサンダー・ロバートソン／文　ジュリー・フレット／絵　横山和江／訳
岩波書店 2018年 1400円（税別）
ISBN 978-4001126754

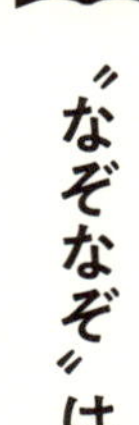

“なぞなぞ”は時空を越えて

この世界には、こと言葉をめぐってても、個人の力をもってしてはどうにも太刀打ちできないほどの豊かさをもった、複数の無名の人々の技があります。その一つがなぞなぞです。

私になぞなぞの世界への扉を初めて開けてくれたのは、『幼い子の文学』（瀬田貞二著、中公新書）でした。もちろん、子ども時代からなぞなぞの楽しさは少しは体験して知っていましたが、この新書に見つけたなぞなぞの一つに、私はほうっと言葉をなくしました。

それから二年後の一九八二年、その名もズバリ『なぞなぞの本』を手にしたとき、そこに展開される豊饒な世界に、私はどんなに目をまるくしたことでしょう。ここには、日本に伝わるなぞなぞだけでなく、世界各地のなぞなぞが選ばれて収められており、私は以来まわりの人たちに、手元に置いて生涯楽しめる本として紹介してきました。

もっとも、学生をはじめとする若い人たちのほとんどは、なぞなぞをおそろしく矮小化してとらえていました。安っぽいクイズのように。この稿を書こうとして、国語辞典をあれこれ開いて驚きました。『広辞苑』も『新明解』も『明鏡』も、もしなぞなぞを一度でも真剣に考えたことがあったら、こんな定義はできまいと思われる書き方をしています。いや、えらそうなことは申せません。私とて『なぞなぞの本』と出会わなかったら、いずれの辞典の足下にも及ばなかったでしょうから。

『なぞなぞの本』の紹介に移りましょう。ページを開くや、すてきな定義や見立てに次々と会えるのですもの。大いに楽しまなくては。

「名前をいっただけでもこわれてしまうもの」なあに？　イギリスに伝わるなぞなぞです。答えは？　シーッ。「　」。なんて知的！

「ひとりではもてなくて／三人でもつとぶっそうで／ふたりでもつのがいちばんよいもの」。フィンランドの人たちは「秘密」をこう定義しました。

アフリカのマサイ族の人たちは、天と地をどう見立てた？　ロシアの人たちは、人々の往来（おうらい）した街道（かいどう）に、どんな物語を見てきた？

ちなみに、私が瀬田貞二の本に見つけて息をのんだのは、日本の東北地方に伝わる「晩にざしきの散らし米」（＝満天の星）でした。

『なぞなぞの本』
福音館書店編集部／編
福音館書店 1982年 1300円（税別）
ISBN 978-4834009057

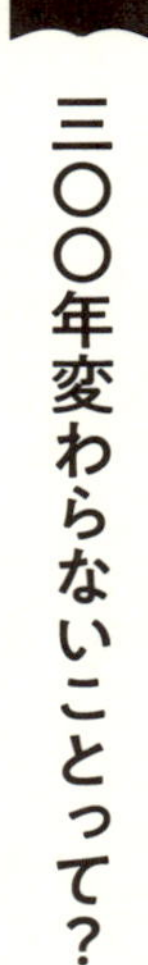

三〇〇年変わらないことって？

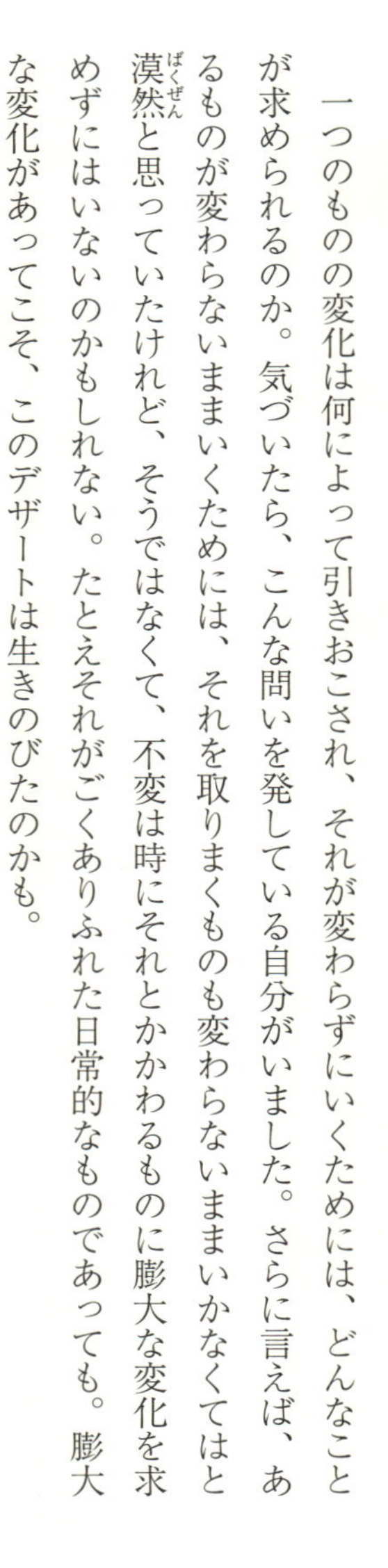

一つのものの変化は何によって引きおこされ、それが変わらずにいくためには、どんなことが求められるのか。気づいたら、こんな問いを発している自分がいました。さらに言えば、あるものが変わらないままいくためには、それを取りまくものも変わらないままいかなくてはと漠然と思っていたけれど、そうではなくて、不変は時にそれとかかわるものに膨大な変化を求めずにはいないのかもしれない。たとえそれがごくありふれた日常的なものであっても。膨大な変化があってこそ、このデザートは生きのびたのかも。

こんな問いを今も私に投げかけてよこすのは、「デザートの作り方から暮らしの変遷が見えてくるユニークな知識絵本」と宣伝のちらしにあったこの大型絵本。ちらしの文章をはるかに超えた中身の濃さに、私は今日も椅子にかけて読んでしまいました。

たしかにこれは、ブラックベリー・フールという「西欧文明における最古のデザート」のここ三〇〇年の歴史を百年単位で描いてみせたものです。まず紹介されるのは一七一〇年のイングランドの田舎町ライムでの作り方。次は一八一〇年のアメリカ南部、チャールストンの農場での作り方。次は、アメリカ東岸北部ボストンでの、そして最も近くは二〇一〇年のカリフォルニア州南端のサンディエゴでの作り方。

ブラックベリーの入手方法に始まり、調理に使われる道具、できあがったデザートの供(きょう)され方や保存方法。そのおおかたは言葉でも語られているのですが、この絵本、絵が語るものが実に実に豊かなのです。文字だけ読んでいたら、この絵本の三分の二、いえ五分の四は読み落としてしまう。こう言ったら言いすぎになるでしょうか。


人々のアメリカへの移住。開拓。先住民とのあいだに起きたことにこそふれられてはいませんが、黒人奴隷のこと。その白人家庭内での位置。市街化と住宅の変化。材料の入手方法の変化。消えていく召使(めしつかい)。家事に参加する男性たち。アフリカ系の人々の社会的地位と、人種を越える人間関係の変化。三〇〇年は多くの人を、物を変えました。かつて生きていた人も肖像画となって額(がく)に収まり……。

でも一つだけ、三〇〇年経っても変わらないこともあって。これは目くばせにとどめておきましょう。

『300年まえから伝わるとびきりおいしいデザート』
エミリー・ジェンキンス／文　ソフィー・ブラッコール／絵　横山和江／訳
あすなろ書房 2016年 1600円（税別）
ISBN 978-4751528150

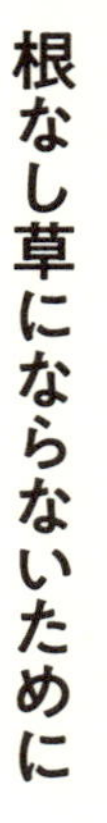

根なし草にならないために

すてきな本に出会うことって、すてきな人を訪ねていくのと同じだなぁ、と私は今、静かな興奮の中にいます。この四カ月あまり、私は脇に置いた本にちらちらと目をやりながら、ドアをノックするときをうかがっていました。やっとこちらの態勢が整い、私はドアを叩きました。それがこの『ハーレムの闘う本屋――ルイス・ミショーの生涯』です。

一九三九年、たった五冊の本をもって、ニューヨークのハーレムに書店を開き、それから三五年あまり、全米トップの黒人専門書店に育てあげ、二二万五千冊の在庫をもって一九七四年にやむなく閉店したルイスの生涯が、ドキュメンタリー風に語られていきます。

商売仲間から時にアンクル・トム呼ばわりされながら、黒人解放運動の先駆者カーヴィーが主宰する新聞を読みつづけた父。ルイスはこの先駆者の「黒人は自分たちのことを知らなきゃならない」という言葉をずっと考えつづけた人でした。

「白人はどうして黒人を奴隷にできたのか」――ルイスは「公民権運動の父」と呼ばれるF・ダグラスが自身奴隷だったとき、主人がその妻に言うのを聞いたという、「学問は世界で最もいい黒人をだめにする。黒人に読み書きを教えたら、いい奴隷にはならない」という言葉も、生涯、胸に刻みおきました。

だからこそ彼は、本の買えない貧しい人々にも、ゆっくり本が読めるよう、店の奥の部屋を提供しつづけたのでしょう。彼のまわりにはマルコムXをはじめ、歴史に残る詩人、歌手、ボクサーらも集まりました。六〇年代という時代の臨場（りんじょう）感に、胸を熱くせずにはいられません。

それにしても、ここに記されているのは遠い外国の、私たちとは何の関係もない人々の物語でしょうか。とんでもない。ダグラスの主人の言葉はスマートに形を変えて、今も日々の暮らしの中にひそみ、私たちもまた歴史の迷子になりながらそれと気づかず、本さえもその質を問わないで、すべて消費の対象としか考えずに、日本版「ミショーの店」をみずからの手で次々とつぶして今日に至っています。

私たちは、精神の自立に不可欠な言葉の獲得を、どうやって若者たちにうながしているのでしょう。本には全く縁（えん）のなかった一〇代の少年にラングストン・ヒューズの詩集を紹介するルイス・ミショーの姿に、私は、まだやれることはあるはず、と思いはじめています。

『ハーレムの闘う本屋――ルイス・ミショーの生涯』
ヴォーンダ・ミショー・ネルソン／作
原田 勝／訳
あすなろ書房 2015年 1800円（税別）
ISBN 978-4751527528

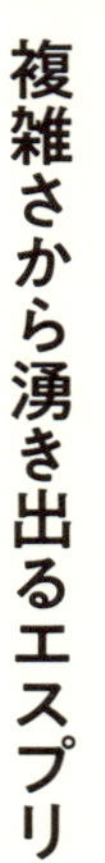

複雑さから湧き出るエスプリ

つい最近、一冊の本が行方不明になって、ほとんどパニックに陥りそうになりました。七〇代も後半に入り、元気なうちにと書庫を整理。そのとき手放した本の中に、誤って入れてしまったか!? あちこち探しまわって、三日目。大型の本のかげに見つけたときの嬉しかったことといったら。それが、この『オシムの伝言』です。

この本は私のスポーツ界への無知からくる偏見をこっぱみじんに打ち砕き、以来私は、スポーツ界の人々の言葉、その哲学にも、真剣に耳を傾けるようになりました。

『オシムの伝言』を読んでいていつも感嘆するのは、彼が複雑さと向かい合うことをいとわないこと。それはもちろん、サラエボに生まれ、祖国の分断を身をもって生きてきたその体験によるところ大でしょうが、体験したらみんなそのようになるわけではありません。

オシムは言います。「日本は学校も社会も、教師や上司のいうことを守り、秩序を乱さない者が〝優秀〟という価値観で動いているが、それではサッカーは強くならない。」そして、さりげなく言うのです。「若い連中というのはよくない。若い連中がいないのは、もっとよくない。」このエスプリの、なんという切れのよさ!

こんなオシムの伝言を私たちに届けてくれたこの本の著者は、オシムの日本代表監督時代に通訳をつとめ、オシムが病に倒れて後は、リハビリの通訳もつとめた人。オシムの母語であるセルビア・クロアチア語に深く通じ、オシムを心から敬愛してきた人でした。

この本は高校生なら、いえ、中学三年生にもなれば、きっと読みこなせましょう。ものを考えようとする若者ならば。

ところで、二〇歳の頃、オシムが大いに迷ったことも この本の中に。プロのサッカー選手になるか、数学者になるか。サラエボ大学理数学部数学科の学生オシムの得意科目は、数学と物理だったそうです。

オシムの考え方、生き方を紹介する本にはもう一冊、本書より少し早く出版された『オシムの言葉』（木村元彦著、集英社文庫）もあり、こちらもまたすぐれた一冊であることをお伝えしておきます。

『オシムの伝言』
千田 善／著
みすず書房 2009年 2400円（税別）
ISBN 978-4622075042

兆しに注意深い人々

最近、「懲りる」ということをよく考えます。あれだけの事故を起こして、人々の暮らしを根こそぎ奪いながら、原発再稼働に向かうこの国の政府、企業、一部〝専門家〟たち。それを阻止できずにいる私たち。

二〇一二年の夏、連日のロンドン五輪報道に食傷気味になりながら、その中に見つけた二つの小さな記事に、私は、ヨーロッパの人々の懲り方を垣間見る思いがしていました。

一つは、人種差別的発言でギリシャの女性選手が出場停止になったという記事。いま一つは、ネオナチのリーダー格の男性との交際が問題視されて、同じく出場できなくなったドイツの選手の記事です。日本だったら、この種のことは不問に付されてしまうでしょう。

歴史に学ぶこと。過去の悲劇を二度とくり返さないために注意深くあること。私はその小さな証をここに見たように思いました。

もちろん、懲りればいいというものではありません。大事なのはその懲り方。たとえば第二次大戦後のイスラエルがどういう政策をとってきたか、そしてまた、ギュンター・グラスが発表したイスラエル批判の詩が、イスラエルはいうまでもなく、ドイツでどんな騒ぎを巻きおこしたかを見ると、そう単純にはいかないことがわかってきます（『世界』二〇一二年六月号）。

さて、子どもの文学もまた、当然のことながら、この問題から自由ではありません。そこにはやはり、作者が戦争をどう考え、その体験をどのように総括(そうかつ)したかが出てきます。四〇年あまり前、初めてリヒターの『あのころはフリードリヒがいた』と出会ったとき、私は今すでに次の戦争が始まっているかもしれないという不安まで覚え、求めていた戦争児童文学をようやく手にしたことを実感しました。

同じアパートに、ほぼ時を同じくして生まれたユダヤ人少年とドイツ人少年の運命をたどりながら、ここには私たち人間の何が戦争を引きおこすのかが、克明(こくめい)に追求されていたからです。ここに描かれる戦争の悲劇は、自然災害のそれとは全くちがっていました。

平和時にすでに戦争の兆(きざ)しはあちこちに見られること。もちろん私たち自身の中にも。そのことに絶えず注意を払っていなくてはならないことを、この本は静かに、けれど、わずかな緩(ゆる)みもなく、語りかけてくるのです。

『あのころはフリードリヒがいた』新版
ハンス・ペーター・リヒター／作
上田真而子／訳
岩波書店 2000年 680円（税別）
ISBN 978-4001145205

正義を掲げる集団に起こったこと

もう五〇年も昔のある日、新聞だったか、雑誌だったかに見つけた一人の作家の言葉を、私は今も、何かあるたびに思い出します。

「僕がいちばん怖いのは、『私は生まれてこのかた、他人様に後ろ指をさされるようなことなど一度もしたこと、ございませんわ』と言って、ほほほと笑う人だ」。私はこの言葉に心底共感し、でも自分だって、その一人にいつだってなりうると自戒したものでした。

それより数年前、学生だった私は、フランス文学者の渡辺一夫先生の他学部の集中講義にもぐりこみ、魔女狩りの話を聴きながら、「魔女を焼き殺せ！」と火刑台に押し寄せる人々の一人にならずにいるためにはどうしたらいいか、という小さくて大きな課題をそっといただいていました。その課題は、八〇歳に手が届きそうになった今も私の課題でありつづけています。

オットー・シュタイガーの『泥棒をつかまえろ！』は、楽しかったはずのスイス山中での合宿から予定より早く戻った少年たちに、何か共通の隠しごとがあることに、一人の少女が気づくところから始まります。つまりこれは、合宿先で何があったのかの謎解きの物語なのです。

少女に問いつめられて、参加した少年二人（一人は兄、一人は友人）の口から徐々に事態が明かされてゆきます。事は書名の示すとおりなのですが、これは爽快な冒険物語ではありません。合宿の費用がなくなったという引率教師の妻の一言から始まった泥棒の追跡は、警官が不用意に発した言葉で一つの方向が生まれ、イタリア人に対する差別意識と、妙な、けれどよくある指導者意識をもった教師みずからが扇動し、生徒たちが勇んでそれに乗って、グループはあっという間に正義を実現するのだと思いこんだ暴徒と化していきます。

そして、教師をリーダーとしたこの暴徒の一団は、ウサギ狩りでもするように手に手に棍棒や石を持ち、真面目に働きつづけてきた、何の罪もない一人の男を、死の淵まで追いつめていくのです。

この作品に描かれるほどの大事件には発展しなくても、同質の事件は、今日、明日にも、私たちの暮らすこの日本でも起こりうる。だからこそ、つらくても一読をと願わずにはいられません。

『泥棒をつかまえろ!』
オットー・シュタイガー／作
高柳英子／訳
童話館出版 2013年 1500円（税別）
ISBN 978-4887501447

“不在”が語る戦争

戦争体験を語り継ぐことはむずかしい、といつも思います。日中韓の作家による「平和絵本」をめぐる新聞記事に、平和な状態を「ばくだんがおちてこないこと」と書いた日本の作家が、韓国の作家たちに、そこにある被害者意識を指摘されて、「ばくだんなんかおとさない」と主体的表現に変えたことが記されていました。

これまでの日本の戦争児童文学と呼ばれるものの大半は、被害者意識の産物でした。さらに言えば、主体が抜け落ちているために、作品に描かれる戦争の悲惨さは、自然災害のもたらすそれと、しばしば見分けがつきませんでした。わずかな例外として、私の脳裏にはいつも、さねとうあきらがいましたが……。

そんな中で出会ったのが『盆まねき』。作者は「菜の子先生」「スズナ姫」シリーズでおなじみの富安陽子。ひそかに屈指のストーリーテラーと注目してきた、子どもの本の作家です。

本体一七八ページに及ぶこの『盆まねき』、作者が表向き戦争にふれているのは、わずか四ページ弱です。それも、主人公と曾祖母の、ほんの一時のやりとりとして。作品を成り立たせているのは、祖父母の家に親戚が集まるお盆の、前日を入れた四日間の賑わいと、その中でうろちょろする小学校三年生の女の子がふと手にするすきまのような時間に聞いた話です。

女の子は、今日は祖父から、明日は大伯母（おおおば）から、その翌日は曾祖母からと、順にうそともほんとともつかない昔の話を聞くのです。話の中では、お盆の今、先祖を迎えて共にいる人々の子ども時代が語られるのですが、読み手は日を追って、話に登場する子どものうちの一人の不在に気がつき、最後の日、主人公と共に、ふしぎな出会いを体験することになります。

作者は、かつて弟とナメクジを飼った少年、幼い姉と月の中の田んぼを見た少年、真面目くさった面々の並ぶ家族写真の中で、ただ一人おかしさをこらえきれずに笑っている少年が、今ここにいないこと、その後、生きられたはずの日々を奪われたことを、読む者に静かに伝えてきます。戦争ではなく、むしろ明るく賑やかな一族の四日間を描くことで。

戦争のセの字も、家族は集まった席で話題にしていません。が、それゆえにいっそう戦争の悲惨さが伝わってくるこの作品に、私は新しい「戦争児童文学」の誕生を見る思いでいます。

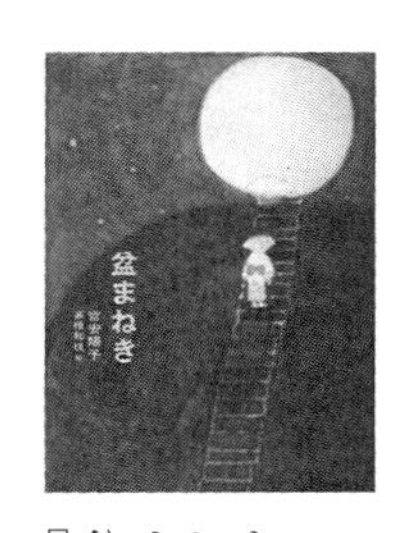

『盆まねき』

富安陽子／作　高橋和枝／絵

偕成社 2011年 1000円（税別）

ISBN 978-4035306108

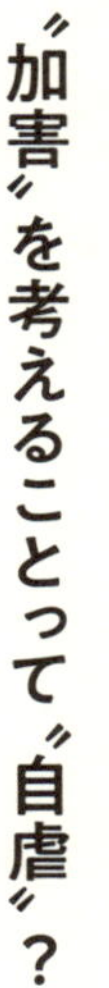

"加害"を考えることって"自虐"？

「戦争」がかまびすしく語られる夏が逝って、秋がきました。

戦争を直に体験した人々が少なくなって、今のうちに話を聞いておかなくてはとの焦りは、私の中にもないわけではありません。が、空襲や飢えのおそろしさが語られだすと、私にはいつも、それって自然災害とどこがちがうのかとの疑問が湧いてくるようになりました。

顰蹙を買うのを覚悟でさらに言えば、こうした物理的分野での悲惨に重きが置かれる戦争体験の語り継ぎは、これからの戦争を防ぐ力にはなりえないのではないか。いや、戦争を、核を含む兵器を使っての攻防戦とのみ見るのは、しのびよる戦争に対して私たちをむしろ鈍感かつ不用心にはさせないか。そんな不安も抱くようになったのです。

これからの戦争、いや、すでに始まっているかもしれない戦争は、もっとスマートに、人間の血のにおいも、飢えさえも気づかせずに進行していくのではないか。そう思われるからです。だいたい多国籍企業の存在を考えれば、国対国ではないかもしれないし、そもそも今、現在の非正規雇用の人々の置かれている状況を私たちは平和と呼ぶことができるのでしょうか。教室での教員の発言が、中立性を欠くと政権政党の中枢に密告される日々は？

そして思うのです。戦争の被害はよく語られるのに、加害が語られることの、なぜこんなにも少ないのかと。

女・子どもは戦争の被害者だと言われるけれど、それだって大いにあやしい。みずからの頭と心で考え、感じとることを放棄して、みんながしていたからと、女たちもどれだけ戦争に加担し、加害の一翼を担ったことでしょう。

けれどこんなとき、いつも立ち返ってゆける一冊の本が私にはあります。十五年戦争にかかわった人々を一人の新聞記者が訪ねて、その体験を丁寧に聞きとって記した本。それがこの『小さき者たちの戦争』です。

この本では、国家の命令を言いわけとせず、人としてみずからが犯した罪を背負い、軍人恩給の受けとりを生涯拒否しつづけた元軍曹ほか、加害の罪を背負って戦後を生きつづけた無名の「小さき」人々に出会えるのです。

「自虐」どころか、人間への希望と信頼を呼びさましてくれる一冊です。

『小さき者たちの戦争』
福岡賢正／著
南方新社 2010年 1600円（税別）
ISBN 978-4861241871

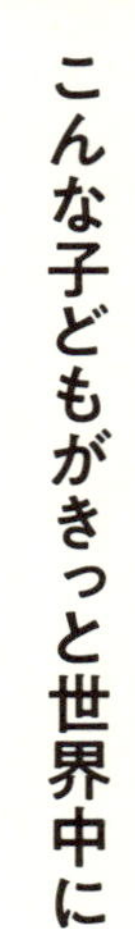

こんな子どもがきっと世界中に

先日、暮らしている町で開かれたある講演会に出かけました。ここ数年遠くから、この方は信頼できると見てきた方が講師だったのです。

講演が終わって質問の時間に入ると、一人の年配の女性が、「何かと信頼できない中国との付き合いはどうすれば？」と問いかけました。講師は、「そういう見方こそが事態をよくないほうに導くのでは……」とおっしゃって、さすが！　とほっとしたのですが、同時に思ったのは、私だって、あの短編集と出会わなかったら、危ういものだったということでした。

もう一〇年ほど前になるでしょうか。私はその本に出会って、（ああ、こういう人たちが、あの国にもやっぱりちゃんといてくれた！）と心底嬉しくなってしまったのです。中国の人たちへの信頼を、以来しっかりつなぎとめてくれている本のタイトルは『じゃがいも』。ここには訳者の言葉を借りれば、「中国の現代文学を担う作家たち」七名の短編一〇篇が収められています。

表題の「じゃがいも」は、黒竜江省のじゃがいも農家の、共に三〇代後半の夫婦の話。夫の肺がんが疑われ、地元の医者のすすめで二昼夜列車に揺られて向かった大都市ハルピンの大病院での、不安ととまどいの数日。そのつつましい夫婦愛が、映画かと錯覚（さっかく）するほどに、地味ながら鮮やかに眼前に展開されていきます。

この短編に一つ置いて続く「大エルティシ川」はウィグルの作家のペンになるもの。マスコミの報道だけでは完全に見落とされ、ないことにされてしまう男女、親子のふしぎや、そのやるせなさに、私は読むたびに共感の血が通いだすのを覚えずにはいられません。

そして、そうなのです。本書の最後にこの短編集をとりあげずにはいられなかったのは、せめて四番目に収められている「青い模様（もよう）のちりれんげ」だけでも日本の子どもたちに、そして子どもとかかわろうとする大人たちに目をとめてほしかったからでした。だって、大人と子どもが無理なく共有できる作品だから。たとえこれが、一人の作家の幼い日の追想（ついそう）であるにしても。

ここに描かれている子どものつつましさ、気高（けだか）さは偽物（にせもの）ではなく、しかもこんな子どもたちは、少しだけ目をこらせば、私たちのすぐそばにもいるにちがいありません。ひっそりと声もたてずに。

『じゃがいも――中国現代文学短編集』
金子わこ／訳
鼎書房 2012年 2000円（税別）
ISBN 978-4907846893

あとがき

つい最近、七八歳になりました。こんなに長生きできるとは。ひとり、驚いています。

もう一つ、われながら驚いているのは、一九四六年春に北朝鮮から引き揚げた先の両親の故郷の村を、ずっと暮らしの場としてきたことです。仕事で外国を旅したり、時に暮らしたりすることはあっても、いつも村に戻ってきました。村は町に、市にと名を変えましたが、今も同じ集落に暮らしています。ただし、これは私が横着者だったせいかもしれません。

三つめ、驚いているのは、小さいときから〝友だち〟というものを持つこと、きわめてまれだった私に、気がつくと国内だけでなく、国境をこえて世界のあちこちに、遠慮なく語り合い、議論もできる友人がいてくれることです。人種、階層をこえて……。

❖

いま思えば、私はおめでたいくらいに人の言葉を信じる子どもであり、それは大人になっても今日まで変わらなかったのかもしれません。

世の中には、おはなしはおはなし、現実はそんなものではない、という方々も大勢おられます。でも私は、たとえばグリムの昔話を読んでも、全部真に受ける子どもでした。だからでしょうか、読みながら「あぶない！　そんなこと、しちゃだめ！」と心の中で必死に叫ぶことがよくありました。客を迎えるとき、お皿が一枚だけちがうものとはならないように今も気づかうのは、「眠り姫」の影響でしょうか。シェイクスピアの『リア王』は夫婦を生きるための礎石(そせき)となる知恵を私に授(さず)けてくれましたし、写真家のロベール・ドアノーの『不完全なレンズで』（月曜社）にちょっとだけ登場するあの無名の印刷屋さんは出会って以来ずっと、目の離せない人生の師となってくれています。フランクルの『それでも人生にイエスと言う』（春秋社）もまた、何度不安にぐらつく私をしっかと立たせ、前を向かせてくれたことか。

世の中にはたしかに憎悪(ぞうお)が渦巻き、不正義も多々ある。私自身だって、内には魑魅魍魎(ちみもうりょう)がうごめいていて、そうしたものと無縁だなんて、とうてい言いきれるものではありません。どうせと言ってしまえば楽になる場合のなんと多いことか。

でも、そんなとき、はっと我に返らせ、光のほうを向かせてくれたのは、どんなにつらく、苦しく、絶望の淵に追いやられても、踏みとどまって、「どうせ」をこらえてくれた先人たちでした。気がつけば、世界のあちこちで人々は絶望的な悲惨を記録しながら、でも、こんな人もいるよ、と語りかけてくれています。そういう人々の言葉に私は幾度、自身の世界の狭(せま)さを思い知らされ、カッコいいニヒリズムから救い出されてきたことでしょう。

児童文学関係の仕事をしていると言えば、すぐにも「いいですね、夢があって。」と返されるこの社会の中で、私は、子どもの文学ってステンドグラスみたい、とよく思います。黒一色の真っ暗な世界と見えていたものが、ステンドグラスを通した光の中ではそれぞれが美しい彩りをもって立ち上がってきて、世界のあちこちに暮らす人々とつなげてくれる。「国際競争に勝つため」でもなければ「この社会の勝者になるため」でもなく、時空をこえて、お互い人としてつながるために、子どもの本もあるのだと、あらためて思うこのごろです。

❖

最後になりましたが、本書は月刊誌『クレスコ』（クレスコ編集委員会・全日本教職員組合編）に二〇一一年一月号から二〇一七年三月号までの六年あまりにわたって連載させていただいたものを母体としています。連載のスタートから今日まで、読者の方々をはじめ、本当に多くの方々にお世話になりました。とりわけ大月書店編集部の木村亮さんは連載のときから伴走者として私に付き添い、たえず、やさしくも厳しい目を光らせてきてくださいました。木村さんの的を射た注意、忠告に私は何度窮地（きゅうち）を救われたかわかりません。この場をお借りして、心より御礼申し上げます。

二〇一九年初夏

清水真砂子

著者
清水真砂子（しみず・まさこ）
1941年、北朝鮮に生まれる。児童文学者・翻訳家。９年の高校教諭を経て2010年３月まで青山学院女子短期大学専任教員。主な著作に、『子どもの本の現在』（大和書房のち岩波書店）、『子どもの本のまなざし』（洋泉社、日本児童文学者協会賞受賞）、『幸福の書き方』（洋泉社）、『学生が輝くとき』（岩波書店）、『幸福に驚く力』『本の虫ではないのだけれど』『不器用な日々』『あいまいさを引きうけて』（かもがわ出版）、『そして、ねずみ女房は星を見た』（テン・ブックス）、『青春の終わった日――ひとつの自伝』（洋泉社）、『大人になるっておもしろい？』（岩波書店）など。訳書に、アーシュラ・K・ル＝グウィン『ゲド戦記』全６巻（日本翻訳文化賞受賞）、マヤ・ヴォイチェホフスカ『夜が明けるまで』、M・マーヒー『ゆがめられた記憶』、E・L・カニグズバーグ『トーク・トーク――カニグズバーグ講演集』（以上、岩波書店）ほか多数。

装　幀　藤田知子
装　画　まめふく

子どもの本のもつ力――世界と出会える60冊

2019年６月14日　第１刷発行
2021年３月25日　第４刷発行

定価はカバーに表示してあります

著　者　清水真砂子
発行者　中川　進

〒113-0033　東京都文京区本郷2-27-16
発行所　株式会社　大　月　書　店

印刷　三晃印刷
製本　中永製本

電話（代表）03-3813-4651　FAX03-3813-4656／振替 00130-7-16387
http://www.otsukishoten.co.jp/

ISBN978-4-272-61238-3　C0095　Printed in Japan